O Projeto

David A. Graham

O Projeto
Como a extrema direita está transformando os Estados Unidos

Tradução:
Berilo Vargas

1ª reimpressão

Copyright © 2025 by David A. Graham

Grafia atualizada segundo o Acordo Ortográfico da Língua Portuguesa de 1990, que entrou em vigor no Brasil em 2009.

Título original
The Project: How Project 2025 Is Reshaping America

Capa
Bloco Gráfico

Imagem de capa
Sem título, de David Galasse, 2017. Risogravura sobre papel, 20 × 24 cm.

Preparação
Angela Ramalho Vianna
Tatiana Custódio

Revisão
Thaís Totino Richter
Natália Mori

Dados Internacionais de Catalogação na Publicação (CIP)
(Câmara Brasileira do Livro, SP, Brasil)

Graham, David A.
   O Projeto : Como a extrema direita está transformando os Estados Unidos / David A. Graham ; tradução Berilo Vargas. — 1ª ed. — Rio de Janeiro : Zahar, 2025.

   Título original: The Project : How Project 2025 is Reshaping America.
   ISBN 978-65-5979-244-3

   1. Autoritarismo – Estados Unidos 2. Conservadorismo – Estados Unidos 3. Estados Unidos – Política e governo – Século XXI 4. Presidentes – Estados Unidos 5. Radicalismo – Estados Unidos 6. Trump, Donald, 1946- I. Título.

25-279008   CDD-320.973

Índice para catálogo sistemático:
1. Estados Unidos : Política e governo : Ciência Política   320.973

Eliete Marques da Silva — Bibliotecária — CRB-8/9380

Todos os direitos desta edição reservados à
EDITORA SCHWARCZ S.A.
Praça Floriano, 19, sala 3001 — Cinelândia
20031-050 — Rio de Janeiro — RJ
Telefone: (21) 3993-7510
www.companhiadasletras.com.br
www.blogdacompanhia.com.br
facebook.com/editorazahar
instagram.com/editorazahar
x.com/editorazahar

*Dedicado à memória de
Karen Blumenthal e John F. Burness*

Sumário

Prefácio, por Celso Rocha de Barros   9

Introdução   17

SEÇÃO I **Os métodos e os meios**   27

SEÇÃO II **Os objetivos**   57
1. Gênero, família e direitos   59
2. Imigração e segurança nas fronteiras   83
3. Economia e comércio   96
4. Meio ambiente e energia   119
5. Política externa e defesa   134

Posfácio do autor à edição brasileira   153
Agradecimentos   156
Notas   157

Prefácio

CELSO ROCHA DE BARROS*

SE VOCÊ ESTÁ SURPRESO com a quantidade de coisas, quase todas ruins, que aconteceram já nos primeiros meses do segundo mandato de Donald Trump, este livro foi feito para você. O *Projeto*, de David Graham, explica por que tudo foi tão rápido: desde a largada, havia um plano.

O documento Projeto 2025 é esse plano. Elaborado sob os auspícios do think tank conservador Heritage Foundation, tem entre seus principais autores Russell Vought e Paul Dans, dois militantes da ala mais extrema do Partido Republicano. Suas propostas são tão extremistas que, durante a campanha de 2024, Trump acusou-as de serem "ridículas e abissais".

Após a vitória republicana, quadros ligados ao Projeto foram nomeados para posições-chave na administração.[1] E é muito fácil ver as digitais do Projeto 2025 em tudo o que Trump fez até agora, do Departamento de Eficiência Governamental (Doge) e Elon Musk até a guerra contra as universidades, passando, é claro, pela luta contra o Poder Judiciário, marca de todos os líderes autoritários modernos.

---

*Celso Rocha de Barros é doutor em sociologia pela Universidade de Oxford, servidor federal e colunista da *Folha de S.Paulo*.

O Projeto 2025 propõe medidas para criar uma Presidência imperial nos Estados Unidos. Seus autores acreditam que Trump, no primeiro mandato, não falhou: foi sabotado. Tal sabotagem teria vindo do Judiciário, do funcionalismo público e de todos os limites que a democracia americana, desde sua origem, impôs aos presidentes.

Seria necessário, portanto, já começar a próxima Presidência republicana desmontando essas instituições e os controles, do jeito que fosse, com todos os meios necessários e sem nenhum respeito pela tradição democrática dos Estados Unidos. Um dos autores citados por Graham deixa claro que essa "Segunda Revolução Americana" será realizada sem derramamento de sangue, mas apenas "se a esquerda deixar".

O objetivo é destruir o que chamam de "bolsões de independência" dentro do Estado: as agências reguladoras, o FBI, os órgãos de controle que investigam a conduta das autoridades e, é claro, o Judiciário.

Note-se que não se trata, absolutamente, de um esforço para aumentar a eficiência do setor público, como as reformas administrativas ao redor do mundo tentaram fazer nas últimas décadas. Longe disso, as reformas administrativas bem-sucedidas aumentaram a independência dos órgãos públicos em relação à classe política. O que os trumpistas têm em mente é o exato oposto, é fazer com que todo funcionário público se veja obrigado a seguir qualquer ordem do presidente da República, por mais corrupta ou ilegal que seja. O esforço declarado é reduzir drasticamente o número de funcionários de carreira e substituí-los por indicações políticas. Os trumpistas querem um funcionalismo público "traumatizado" por cortes e ameaças, o contrário do que existe em todos os países com setor público eficiente.

O aspecto autoritário do desmonte do Estado empreendido por Trump é evidente: a independência da burocracia é, em grande parte, resultado da alternância de diferentes partidos no poder. Os partidos aceitam ter menos poder quando ganham a eleição porque isso lhes dá segurança de não sofrer abusos nas mãos de seus adversários quando perderem. Um governo de direita que pretenda continuar se submetendo a eleições regulares não vai dar à Presidência da República poderes abusivos que poderão ser usados por um governo de esquerda na eleição seguinte — e vice-versa. Ninguém acredita que Trump planeja criar uma Presidência imperial e depois transferi-la pacificamente para as mãos, digamos, da presidente Alexandria Ocasio-Cortez.

Isso fica claro também na ofensiva recente de Trump contra as universidades americanas. O presidente diz que, uma vez que as universidades recebem verbas públicas para realizar suas pesquisas, deveriam se sujeitar à agenda política do governo. Alguém acredita que os republicanos aceitarão que um futuro governo de esquerda tenha esse atributo? Afinal, se os instrumentos de poder ilimitado propostos pelo Projeto 2025 fossem colocados nas mãos de um presidente de esquerda, ele poderia facilmente fechar a Heritage Foundation.

Logo, se Trump está desmontando os limites da Presidência, é porque não pretende perder eleições nunca mais. O único jeito de obter esse resultado é desmontando a democracia. Durante a campanha de 2024, ele declarou o seguinte, perante membros de uma organização religiosa: "Daqui a quatro anos vocês não terão que votar de novo".

Segundo David Graham, o Projeto 2025 era hostil às Big Techs. Seus autores suspeitavam da integração das grandes empresas de tecnologia com a China e defendiam o fim das políticas de combate à disseminação de fake news e campanhas de ódio. Longe de representar uma defesa do princípio da liberdade de expressão, a ofensiva trumpista buscava facilitar a prática consagrada dos novos autoritários: inundar o discurso público com notícias falsas até que a própria esfera pública se tornasse irrelevante.

Nos primeiros cem dias do governo Trump, essa ofensiva não foi necessária. Talvez inspiradas pela "energia masculina" de que falou Mark Zuckerberg,[2] as Big Techs se renderam preventivamente a Trump já durante a campanha.

Elon Musk se tornou uma liderança importante da extrema direita internacional, intervindo em debates deste setor da política em países como o Reino Unido e a Alemanha, e aliando-se ao golpismo bolsonarista no Brasil. Zuckerberg extinguiu a checagem de fatos em suas redes sociais. O dono da Amazon, Jeff Bezos, impediu que seu jornal, o *Washington Post*, declarasse apoio a Kamala Harris em 2024. Pouco depois, Bezos anunciou que as páginas de opinião do jornal agora só aceitariam artigos de defensores das "liberdades individuais e econômicas".[3]

Desde o anúncio do pacote de tarifas de Trump, entretanto, a lua de mel parece ter acabado. Musk vem criticando Peter Navarro em suas redes sociais. A Amazon anunciou que informará aos consumidores o quanto dos novos preços dos produtos será resultado das tarifas, o que a Casa Branca interpretou como um ato de hostilidade contra o presidente.

Ainda é cedo para saber se, diante de Trump, as Big Techs irão se orientar mais pela ganância ou pela covardia. Nenhuma delas, até o momento em que escrevo, voltou atrás nas concessões vergonhosas feitas a Trump ainda antes da posse. De um ponto de vista mais geral, é provável que as tensões entre as facções mais liberais e mais nacionalistas do Projeto 2025 sejam uma marca da era Trump.

COM UMA PRESIDÊNCIA IMPERIAL na mão e a sociedade civil sob ataque, os trumpistas pretendem realizar na prática sua visão "nacionalista-cristã". Trata-se de um rótulo profundamente enganoso — afinal, não há nada de errado em ser nacionalista ou cristão. O que haveria de errado em ser as duas coisas ao mesmo tempo?

Na verdade, o nacionalismo cristão dos trumpistas é algo completamente diferente: nacionalismo e cristianismo só estão ali para um anular as virtudes do outro. O cristianismo está no trumpismo para minar a solidariedade nacional entre os americanos, criando cidadãos de primeira e de segunda classe conforme sua adesão à leitura fundamentalista da Bíblia feita pelo reacionarismo moderno. E o nacionalismo está no trumpismo para evitar que a empatia universal exigida dos cristãos pelo Evangelho se aplique a imigrantes e minorias.

Daí em diante o projeto é claro: substituir a educação pública por educação religiosa ou familiar, proibir inteiramente o aborto, discriminar e excluir pessoas LGBTQIAPN+, promover uma caça às bruxas no sistema universitário — para eliminar qualquer perspectiva crítica ao discurso dominante —, intimidar a mídia, expulsar imigrantes e combater a diversidade cultural. A segunda parte do livro de Graham analisa cada uma dessas propostas com um nível de detalhes assustador.

Já se tornou clichê dizer que os novos autoritarismos destroem a democracia por dentro, aos poucos, em geral começando pela Suprema Corte (o alvo número um em toda parte) e pela legislação eleitoral. Isso torna fundamental perceber cada medida anunciada pelo governo dentro do quadro geral de sua atuação.

Por exemplo, considerada isoladamente, uma lei que proíbe o controle de conteúdo nas redes sociais pode ser vista como um ato de defesa da liberdade de expressão. Mas, dentro de uma ofensiva contra a democracia que mobilize seus militantes pelas redes sociais e tenha na disseminação de notícias falsas um instrumento central de atuação, a mesma lei tem significado completamente diverso.

Se o mesmo governo que extingue a moderação de conteúdo sequestra estudantes pró-Palestina nas universidades e os manda para campos de prisioneiros, como Trump vem fazendo, os sequestros não são "inconsistências" do discurso pró-liberdade anterior; na verdade, o discurso pró-liberdade era apenas um instrumento necessário para instalar a ditadura que sequestra estudantes.

Da mesma forma, é inteiramente legítimo discutir se o presidente americano — ou brasileiro, ou francês — deveria ter mais poderes. Reformas políticas acontecem periodicamente em muitos países democráticos. Mas se a proposta de fortalecimento do Executivo é feita por um movimento que tem no seu histórico a tentativa de golpe de Estado trumpista de 6 de janeiro de 2021, seria ridículo tratá-la apenas como um debate de estudiosos de sistemas políticos comparados.

Nesses casos, é importante entender os vários passos em direção ao autoritarismo como um conjunto. Talvez este seja o principal mérito do livro de David Graham: mostrar que cada uma das medidas anunciadas por Trump é parte de um projeto publicado e assinado pelos trumpistas com objetivos autoritários muito claros. Por isso é fácil entender a irritação de Trump com o Projeto 2025 durante a campanha: se um dia as instituições americanas voltarem a funcionar, Trump será julgado por ter conspirado contra a democracia. Nesse julgamento, o Projeto 2025 será uma dessas provas que fariam qualquer promotor sorrir.

São Paulo, maio de 2025

Introdução

Quando o presidente Donald Trump deixou o cargo em janeiro de 2021, seu governo foi quase universalmente tido como um fracasso. Ele ficou muito aquém das expectativas que tinha criado — construir um muro na fronteira mexicana, revitalizar a indústria americana e reformular a economia —, além de gerenciar mal e de modo desorganizado o enfrentamento da epidemia de coronavírus que devastou o país. Depois de uma derrota convincente na eleição de novembro de 2020, Trump recorreu a uma série de processos judiciais fajutos e outros métodos espúrios para subverter a apuração dos votos — tentativas descaradas de permanecer no poder que culminaram no violento ataque ao Capitólio em 6 de janeiro de 2021. Embora Trump tenha se livrado da condenação num processo de impeachment no Senado, eleitores de todas as tendências o culparam pelo tumulto,[1] assim como muitos políticos eleitos do próprio Partido Republicano.[2]

Mas no mesmo momento em que a imprensa redigia o obituário político de Trump, um pequeno grupo que tinha trabalhado em seu governo já desenvolvia uma versão diferente: Trump não fracassou, foi sabotado. Esse grupo estava convencido de fato de que a eleição tinha sido roubada, embora não houvesse provas para respaldar seu ponto de vista; e, mesmo não discordando necessariamente dos críticos que julgavam o governo Trump um fracasso político, achava que o problema é que o sistema vigente prejudicara o seu desempenho no cargo. Para esse grupo, um governo promissor e um presidente visionário haviam sido prejudicados por assessores preguiçosos, sabotadores republicanos apegados a velhos dogmas do partido e burocratas de carreira.

Esses contestadores acreditavam que a única maneira de estabelecer a nação cristã e de direita que desejavam era um assalto cuidadosamente organizado ao governo americano tal como existia. O próximo presidente republicano teria que repensar não só as políticas e dinâmicas políticas, mas também as questões mais fundamentais de como o governo opera — e, talvez igualmente importante, de quem opera o governo. Não era uma abordagem conservadora de governo. Era uma abordagem conscientemente radical, baseada na convicção de que não havia mais ordem constitucional a ser salva. E seus proponentes acreditavam que a oportunidade não só viria em breve, mas que só havia um homem capaz de aproveitá-la: Donald J. Trump.

Durante os quatro anos da presidência de Joe Biden, gente como Paul Dans, Russell Vought e Kevin D. Roberts se preparou para um segundo governo Trump, que superaria de longe o primeiro. Embora alguns colaboradores também estivessem envolvidos com a equipe de reeleição, esse trabalho dizia respeito igualmente ao que aconteceria quando ele já estivesse no cargo. Trabalhando sob os auspícios da Heritage Foundation, um centro de estudos conservador que já tem cinquenta anos, eles prepararam um plano de quatro vertentes que incluía uma detalhada plataforma política, um imenso banco de dados de possíveis contratações para o governo, cursos de formação para aspirantes a funcionário e um manual para assumir totalmente o controle do governo, estilo Blitzkrieg, já no primeiro dia. Deram ao plano o nome de Projeto 2025.

O Projeto 2025 é a chave mestra para a compreensão da segunda presidência de Trump — bem como do futuro do Partido Republicano e da direita americana. Não coincide cem por cento com os objetivos de Trump, mas seu cuidadoso planejamento, tão diferente da improvisação desorganizada que ele prefere,[3] significa que o Projeto 2025 está em posição de dominar o governo e fornecer o modelo intelectual para decisões de estratégia e tática políticas nos próximos quatro anos, e além.

Roberts, presidente da Heritage, escreve que o Projeto 2025 tem quatro metas:

> Restaurar a família como espinha dorsal da vida americana e proteger nossas crianças; desmantelar o Estado administrativo e devolver a autogovernança ao povo americano; defender a soberania, as fronteiras e a prosperidade do nosso país das ameaças globais; [e] garantir nossos direitos individuais, dados por Deus, de viver livremente — o que a nossa Constituição chama de "as Bênçãos da Liberdade".

Esse resumo sugere algumas das ideias mais extravagantes, especialmente ao trazer para primeiro plano questões sobre a família e atacar o "Estado administrativo" — termo acadêmico que se refere à maior parte da burocracia federal que conhecemos. Mas Roberts também minimiza muito o radicalismo do plano. O Projeto 2025 é um esquema para expandir massivamente o poder do presidente. Os principais envolvidos querem que Trump tenha a possibilidade de preencher o Poder Executivo com indicações políticas; demitir servidores públicos à vontade; descartar a imparcialidade histórica do Departamento de Justiça; atacar a independência estatutária de agências como a Comissão Federal de Comunicações; e transferir poderes do Congresso para o presidente.

Uma das crenças do Projeto 2025 é que o movimento progressista, ao contrário da direita, é altamente organizado e regulamentado. Essa visão talvez surpreenda qualquer pessoa que tenha acompanhado as ações da esquerda na última década, mas os autores falam sério. Os progressistas costumam menosprezar líderes conservadores pelo que consideram cinismo, mas esses são argumentos de verdadeiros convictos.

"A realidade nua e crua nos Estados Unidos é que estamos nos últimos estágios de uma completa tomada marxista do país, na qual nossos adversários já detêm as armas do aparelho governamental, que estão apontadas para nós", disse Vought, chefe de orçamento de Trump e figura-chave no Projeto 2025. "E eles vão continuar mirando até não precisarem mais ganhar as eleições."[4] Dans, o diretor do Projeto 2025 e funcionário de escalão médio no primeiro governo Trump, advertiu que os americanos estão "vivendo numa espécie de reinado tirânico de Joe Biden" e "em meio a uma revolução neomarxista aqui nos Estados Unidos, e temos que acordar para o que está ocorrendo".[5]

A visão sombria ecoa "The Flight 93 Election", artigo publicado sob pseudônimo na *Claremont Review of Books* em 2016 que se tornou um grito de guerra para intelectuais de extrema direita. (O título é uma referência ao avião sequestrado no Onze de Setembro cujos passageiros e tripulantes sacrificaram a vida lutando para obrigar os terroristas a derrubar o avião longe do alvo preestabelecido, o prédio do Capitólio.) O autor descreveu a eleição de 2016 em termos apocalípticos, afirmando que, para a direita, para os americanos e para o Ocidente em geral, era necessária uma ação drástica, incluindo possivelmente autossacrifício. O artigo advertia:

> [A eleição de] 2016 é a eleição Voo 93: invada a cabine de comando ou morra. Pode ser que você morra assim mesmo. Você — ou o líder do seu partido — pode conseguir entrar na cabine de comando e não saber pilotar ou aterrissar o avião. Não há garantias. Exceto uma: se você não tentar, a morte é certa. Para ampliar a metáfora: a presidência de Hillary Clinton é roleta-russa com uma arma semiautomática. Com Trump, você pelo menos pode girar a roleta e tentar a sorte.[6]

O escritor, mais tarde identificado como Michael Anton, viria a fazer parte do Conselho de Segurança Nacional de Trump. Depois, passou a colaborar com o Projeto 2025, que incorpora seu estilo e sua visão. Um dos princípios fundamentais do projeto é que a única maneira de reverter a perigosa politização do Poder Executivo é politizá-lo ainda mais — como dizia a piadinha infame sobre a Guerra do Vietnã, precisamos destruir a aldeia para salvá-la. Essa visão niilista encontrou público no número crescente de eleitores declarando aos pesquisadores que acham o sistema americano tão podre que sua vontade é simplesmente destruir tudo.[7]

Se o diagnóstico do Projeto 2025 é dramático, suas ambições são ainda mais grandiosas. Disse Dans: "Vai ser um momento tipo JFK. Este é um verdadeiro renascimento, digamos assim, na governança".⁸ Vought declarou que 2024 ia "rivalizar com 1776 e 1860"* em importância para o país.⁹ E Roberts deu um recado ainda mais direto para qualquer um que tente atrapalhar, explicando quais são as intenções e quais os riscos envolvidos: "Estamos no processo da segunda Revolução Americana, que continuará sem derramamento de sangue, se a esquerda permitir", disse ele numa entrevista em julho de 2024.¹⁰

Esse tipo de retórica, assim como o nome que lembra vagamente o de vilão de filme de James Bond, ajuda a explicar por que o Projeto 2025 recebeu muito mais atenção do que outros documentos pré-eleitorais semelhantes, que os centros de estudos produzem a cada quatro anos. O principal documento, chamado *Diretrizes para os líderes*, é um texto desnorteante, com descrições secas e objetivas de órgãos do Poder Executivo, identificados por siglas, dividindo espaço com ideias políticas bizarras — às vezes tudo na mesma página. Políticos costumam acusar seus adversários de conceber ideias nefastas, impopulares, e ocultá-las dos eleitores. Neste caso, a Heritage compilou todas essas ideias e as publicou num PDF on-line para quem quisesse ler, um ano e meio antes da eleição.

Os críticos soaram os primeiros sinais de alarme sobre o Projeto 2025 quando *Diretrizes* foi divulgado, em 2023, mas muitos eleitores só ouviram falar dele pela primeira vez no verão de 2024.¹¹ Na cerimônia do BET Awards de 30 de junho, a atriz Taraji P. Henson incentivou os espectadores a apren-

---

*Respectivamente, datas da Declaração de Independência dos Estados Unidos e do início da Guerra de Secessão, ou Guerra Civil Americana. (N. T.)

derem esse nome. "O Projeto 2025 não é um jogo. Pesquisem", disse ela. Muita gente seguiu seu conselho; o tráfego nos mecanismos de busca disparou. Durante a Convenção Nacional Democrata, em agosto, oradores exibiram uma réplica gigante do livro, numa tentativa de chamar a atenção dos eleitores para o Projeto 2025.

Trump ficou furioso. "Não tenho nada a ver com o Projeto 2025", disse ele durante o debate de setembro com Kamala Harris, que o acusou de ter a intenção de implementar o plano: "Está por aí. Ainda não li. Não quero ler, de propósito. Não vou ler".[12] (Isso talvez fosse verdade: apesar da esperança de Dans de que "olhos que vão ler estas passagens são os do 47º presidente dos Estados Unidos", Trump raramente lê seja lá o que for.) Mas, embora dissesse não saber nada a respeito, achou algumas ideais "absolutamente disparatadas e terríveis", e insistiu em afirmar: "Não faço a menor ideia de quem está por trás disso".

Seus protestos de inocência eram absurdos. Mesmo não sendo afiliado à campanha de Trump, o Projeto 2025 estava profundamente integrado ao universo trumpista. Três quartos dos autores e colaboradores trabalharam no primeiro governo Trump, quatro deles — Vought, Ben Carson, Chris Miller e John Ratcliffe — com cargos no nível de gabinete. Dezenas de colaboradores adicionais também serviram no governo. Como candidato, Trump nomeou Vought diretor de política para o comitê da plataforma da Convenção Nacional do Partido Republicano de 2024.[13] O atual vice-presidente J. D. Vance escreveu o prefácio de um livro de Roberts, cujo lançamento foi postergado por causa da atenção negativa recebida pelo Projeto 2025.[14]

"O presidente Trump está bastante comprometido com isto", disse Dans em 2023.[15] No ano seguinte, ele declarou à Australian Broadcasting Corporation: "Temos integração com gente da campanha. A verdade é que... nós costumamos dar ideias".[16] E acrescentou: "Isso vai ser realmente o coração do próximo governo. Muitas dessas pessoas serviram e vão ser convocadas para servir novamente".[17]

Trump tinha motivos práticos para se distanciar do Projeto 2025: muitas das ideias ali expressas são extremamente impopulares e comprometeriam suas tentativas de evitar assuntos difíceis. Sua campanha divulgou apenas uma vaga plataforma de vinte pontos que contornava as decisões e concessões mais polêmicas envolvidas.[18] Em quase mil páginas, *Diretrizes* avança decididamente nesses campos minados.

Numa pesquisa de opinião que encomendou no fim de julho e começo de agosto de 2024, a Heritage descobriu que dois terços dos eleitores tinham ouvido falar do Projeto 2025, e apenas 14% o apoiavam. Outros 47% desaprovavam. O número de eleitores que tinham conhecimento e desaprovavam era ainda mais alto nos estados decisivos.[19] Em meio ao tumulto, Dans deixou a Heritage em julho de 2024, mas nessa altura o trabalho no Projeto 2025 estava praticamente concluído.[20]

Enquanto exerce o seu segundo mandato, Trump tem muitas vozes disputando seus ouvidos, algumas das quais com origens e opiniões diferentes das dos autores do Projeto 2025. Mas, uma vez encerrada a eleição, ele desistiu de fingir distância. A primeira leva de indicados incluiu muitos dos colaboradores do plano, como Tom Homan (czar das fronteiras), John Ratcliffe (diretor da CIA), Brendam Carr (presidente da

Comissão Federal de Comunicações), Paul Atkins (presidente da Comissão de Valores Monetários), Peter Navarro (conselheiro sênior), Michael Anton (diretor de planejamento de políticas do Departamento de Estado), Pete Hoekstra (embaixador no Canadá) e Russell Vought (chefe do Escritório de Gestão e Orçamento). Mas o Projeto 2025 não precisa de perfis conhecidos nas posições de maior destaque para ter êxito. A teoria do plano é que a construção de sistemas e a nomeação de funcionários regulares do Poder Executivo são essenciais para assumir, de fato, o controle do governo. Uma análise da Bloomberg Government revelou que 37 entre 47 ações executivas adotadas nos primeiros dias de Trump no cargo correspondiam, direta ou parcialmente, às recomendações do Projeto 2025.[21]

Na primeira seção deste livro, analiso o aspecto mais revolucionário do Projeto 2025: como ele busca reinventar não só o que o governo faz, mas a questão mais básica de como o faz. Revelo que os autores pretendem politizar o Poder Executivo, colocando ideólogos no comando até mesmo das funções mais rotineiras, desmantelando o serviço público não político e tirando poder do Congresso. Explico também como planejam transformar em arma de guerra partes convencionais, às vezes obscuras, do Poder Executivo, incluindo o Escritório de Gestão e Orçamento [OMB, sigla de Office of Management and Budget], o Escritório de Pessoal Presidencial [PPO, sigla de Presidential Personnel Office] e o Departamento de Justiça, para alcançar esse objetivo.

Na segunda seção do livro, me aprofundo mais nas políticas radicais que os autores do Projeto 2025 pretendem implementar com esses novos poderes. Explico as mudanças mais notáveis e importantes que eles imaginam em matéria de gênero, família e direitos civis; imigração; política econômica e comércio; o meio ambiente; e política externa e defesa.

Como escreveu Roberts no prefácio de *Diretrizes*: "Os conservadores têm apenas dois anos e uma oportunidade para acertar". Estão decididos a não perder essa oportunidade.

SEÇÃO I

Os métodos e os meios

Quando o público tomou conhecimento do Projeto 2025, a maior parte da atenção se concentrou nas ideias políticas específicas ali expostas — planos que abalariam muitos aspectos da vida nos Estados Unidos, desde os direitos fundamentais à estrutura da economia. Essas propostas são radicais e abrangentes, e merecem atenção especial, mas sem a capacidade de concretizá-las não valem mais que os pixels em que são publicadas. O que distingue o Projeto 2025 de tantas promessas de campanha e torna importante levá-lo a sério e compreendê-lo é o seu minucioso esquema de execução.

O conceito de um plano de políticas para uma futura presidência não é novidade. À medida que a administração federal norte-americana vai se tornando maior e mais complexa, governos de ambos os partidos recorrem a grupos externos a fim de criar estruturas para governar — informações úteis, para que, depois de tomar posse em 20 de janeiro, o presidente já possa passar os primeiros cem dias do seu mandato tomando providências concretas, em vez de concentrar-se em preencher cargos e definir prioridades.

O protótipo desse tipo de projeto foi criado antes da posse de Ronald Reagan. A Heritage Foundation, que tinha sido lançada em 1973 para reunir ideias pró-negócios e pró-governo mínimo com conservadorismo cultural, publicou um documento em 1980, também chamado *Diretrizes para os líderes*.¹ Destinado ao pessoal que trabalharia com o próximo presidente republicano, propunha um jeito de abandonar a política moderada do partido pós-Segunda Guerra Mundial em troca de alguma coisa mais conservadora. Funcionou: *Diretrizes para os líderes* foi adotado por assessores do presidente eleito e tornou-se, como disse o *New York Times*, "o manifesto da revolução Reagan".² Pelas contas da Heritage, 60% de suas recomendações se tornaram políticas de governo no primeiro ano de Reagan no cargo.

A Heritage continuou a produzir agendas políticas, e embora nenhuma tenha tido o mesmo impacto da primeira, outras organizações começaram a prestar atenção no tema. Em setembro de 2000, o grupo de estudos neoconservador Project for a New American Century publicou "Rebuilding American Defenses" [A Reconstrução das defesas americanas].³ Um ano mais tarde, após os ataques do Onze de Setembro, as ideias e os colaboradores do documento tornaram-se indispensáveis para a Guerra Global contra o Terror do governo de George W. Bush. Quando Barack Obama foi eleito, em 2008, ele ainda era novato em Washington, e a organização Center for American Progress forneceu funcionários e ideias para o seu governo. "Desde que a Heritage Foundation ajudou a guiar a transição de Ronald Reagan em 1981, nunca mais um grupo externo exerceu tanta influência", registrou a revista *Time*.

Enquanto isso, a Heritage tinha perdido um pouco do brilho. Em 2012, Jim DeMint, o ferrenho defensor do Tea Party, renunciou ao Senado para assumir a chefia da fundação, mas sua liderança e o movimento Tea Party se exauriram em poucos anos.⁴ A sucessora de DeMint, Kay Coles James, desentendeu-se com aliados de Trump⁵ e em outubro de 2021 Kevin D. Roberts foi nomeado presidente.⁶ Em poucos meses ele deu os primeiros passos no que viria a ser o Projeto 2025 e contratou Paul Dans, que tinha sido chefe de pessoal na Casa Branca de Trump, para encabeçá-lo. O trabalho começou no início de 2022.⁷

Para garantir que o Projeto 2025 não fosse apenas de interesse restrito, Roberts instruiu Dans a procurar fora da Heritage e reunir uma ampla variedade de colaboradores do espectro direitista, tornando a instituição uma central de todo o movimento Make America Great Again, MAGA. Centenas de figuras de grupos conservadores contribuíram para o produto final, representando matizes diferentes do trumpismo.⁸

A Heritage via o Projeto 2025 como um jeito de recuperar a importância que ela teve na era Reagan. O documento referente às políticas, *Diretrizes para os líderes*, com 922 páginas, que está no centro do projeto, tem o mesmo nome do seu predecessor. "O livro literalmente coloca o movimento conservador e Reagan no mesmo nível, e a revolução que se seguiu talvez nunca tivesse ocorrido, se não fosse por esse grupo de ativistas dedicados e voluntários", escreve Dans.

Mas o Projeto 2025 diverge em aspectos essenciais do seu predecessor, e não só porque a visão política é muito diferente da de Reagan. Uma grande inovação foi criar uma espécie de governo paralelo, pronto para se integrar ao Poder Executivo já no primeiro dia do novo governo. Essa é uma função que, historicamente, tem sido desempenhada pelas próprias administrações presidenciais, mas o Projeto 2025 deu o pontapé inicial antes mesmo de o presidente ser nomeado, para que estivessem prontos em 20 de janeiro de 2025.

"Precisamos de uma visão geral, e Donald Trump a estabelece, mas também meio que precisamos do manual de instruções real sobre como alcançar nossos objetivos", explicou Dans a Steve Bannon em 2024.[9] Isso significava que o Projeto 2025 teria não apenas que expor em detalhes suas ideias políticas, mas também encontrar e treinar pessoas para implementá-las. O quarto pilar do Projeto 2025, um manual para os primeiros seis meses do governo, nunca veio a público, mas Vought deu pistas sobre o seu conteúdo num discurso de 2024: "Temos planos minuciosos para as agências", disse ele. "Estamos redigindo as ordens executivas reais. Estamos redigindo os regulamentos reais agora, e resolvendo as questões legais para tudo que o presidente Trump está propondo."[10]

Os homens atrás da cortina

As duas figuras mais importantes para o entendimento do Projeto 2025 são Paul Dans, que o dirigiu, e Russell Vought, que aparece como autor mas é amplamente considerado a principal força intelectual por trás do programa. Os dois homens compartilham a convicção de que (segundo um ditado da era Reagan) quem ocupa os cargos define a política e de que as engrenagens do dia a dia do governo são negligenciadas, mas os dois chegaram a essa conclusão por caminhos muito diferentes.[11]

Dans ostenta um currículo mais tradicionalmente elitista, porém é o estranho da dupla. Tem a constituição do jogador de lacrosse que um dia foi, e parece meio desajeitado e contido — quase afável, mas não exatamente. Em entrevistas, fala com vaga nostalgia de um passado americano mais feliz.

Em sua própria versão, ele é um clássico eleitor MAGA: filho desiludido de uma família católica liberal que percebeu as falhas dos democratas e se inclinou para a direita. "Venho de uma mistura desprezível de puro-sangue", disse em 2023, num podcast para o American Moment, grupo alinhado ao Projeto 2025.[12] Segundo ele, seus pais foram atraídos, separadamente, para Washington pelo idealismo da era Kennedy, e foi lá que se conheceram. Criado na área do Distrito de Colúmbia, matriculou-se no MIT, onde estudou economia e fez mestrado em planejamento urbano.

Depois disso Dans estudou Direito na Universidade da Virgínia [UVA], onde se envolveu com a Federalist Society, a organização jurídica conservadora. Não era uma época propícia para se inclinar para a direita, mesmo num lugar como a UVA, e a Federalist Society ainda não era a potência dominante na Suprema Corte como viria a ser na era Trump. "Foi um inverno, digamos assim, para os conservadores", relembrou ele na entrevista para o American Moment. "Clinton tinha assumido. Foram os quarenta dias no deserto."

Depois que se formou, Dans resolveu não entrar para o governo, e foi trabalhar em bancas de advocacia prestigiosas em Nova York. Seu trabalho mais notável veio como parte de uma épica batalha entre a Chevron e o advogado ativista Steven Donziger, que tinha processado a empresa petrolífera por danos ao meio ambiente no Equador. Dans fez parte da equipe que obteve imagens, destinadas a um documentário, que comprometeram a reputação de Donziger e resultaram na sua expulsão da Ordem dos Advogados.[13]

Dans continuou interessado em política. Deixou-se levar pela fantasia do *"birther"*, segundo a qual Barack Obama não nasceu nos Estados Unidos — "Tive sérias dúvidas acadêmicas sobre o lugar de nascimento de um ex-presidente", disse ele aos apresentadores do American Moment, com um sorriso irônico —, e quando Trump despontou como o mais destacado defensor do *"birtherism"*, Dans virou seu fã. Ficou arrasado quando Trump, que chegou a pensar em apresentar-se como candidato presidencial em 2012, desistiu, e foi um dos primeiros entusiastas de sua campanha de 2016.

Depois da improvável vitória de Trump, Dans esperava que seu currículo de elite e seu firme apoio a ele funcionassem como passaporte para uma rápida entrada no governo. Na verdade, se viu excluído, e concluiu que seu problema era ser MAGA demais. "Acho que a primeira pergunta [no formulário de pedido de emprego] era: 'Já trabalhou no governo antes?'", relembrou ele. "A resposta seria: bom, quem? Todo mundo pode fazer as contas de trás pra frente. Isso significa um indicado do Bush."[14]

Dans finalmente teve uma chance em 2018, quando conheceu James Bacon, um universitário que trabalhava no governo. Pedir ajuda a um homem bem mais jovem deve ter sido humilhante para ele, já avançado na carreira, mas lhe rendeu um emprego na administração trabalhando com políticas para moradores de rua no Departamento de Habitação e Desenvolvimento Urbano. Ali ele desenvolveu um saudável ceticismo a respeito dos servidores públicos de carreira e um desprezo ainda maior por indicados políticos, que lhe pareciam insuficientemente dedicados à causa.

"Nosso pessoal chegou, e em muitos casos estava perdido, e com muita preguiça", disse ele aos apresentadores de American Moment. "Há obstrução [da parte dos servidores públicos], claro, mas acho que isso acontece principalmente porque os políticos meio que se deixam levar, e isso começa com a falta de disposição para o trabalho difícil."

Em 2020, Dans teve a chance de tomar alguma providência a esse respeito. Recebeu uma proposta de emprego na Casa Branca, no Escritório de Pessoal Presidencial. Diz ele que nunca tinha ouvido falar nesse cargo, e ficou muito feliz por não ter sido mandado para o OMB, que lhe parecia uma chatice. Mas a função acabou caindo como uma luva. O PPO é responsável por encontrar, avaliar e contratar cerca de 4 mil indicações políticas em cada governo, incluindo mais de mil para funções que exigem confirmação pelo Senado.

Quando Dans chegou, o chefe do PPO era John McEntee.[15] Antigo quarterback na Universidade de Connecticut, McEntee começou como *body man* do presidente Trump, um assessor que segue o presidente como uma sombra e cuida de suas demandas diárias. Em 2018, foi demitido pelo chefe de Gabinete da Casa Branca, John Kelly, por preocupações ligadas ao seu fraco por jogos de azar, mas depois que o próprio Kelly foi demitido Trump trouxe McEntee de volta para chefiar o PPO. Com apenas 29 anos e rude, num cargo geralmente ocupado por pessoas mais experientes e discretas, sua qualificação mais óbvia para a função era a devoção a Trump.

Em Dans, McEntee descobriu um assessor diligente. Embora Dans critique nomeados não eleitos por terem excesso de poder, ele passou por cima da Dale Cabaniss, a diretora, confirmada pelo Senado, do Escritório de Gestão de Pessoal, que é parecido com um departamento de RH de servidores públicos. Frustrada, ela pediu demissão, segundo noticiou *Politico*, e Dans logo se tornou chefe de gabinete no PPO.[16]

Mas seu tempo ali foi encurtado pela derrota de Trump em novembro de 2020. Comparando-se exageradamente com Cincinato, o estadista romano que renunciou ao poder para voltar à vida pastoril, Dans resolveu ir para casa cuidar de seu arado. Quando Roberts lhe pediu para encabeçar o Projeto 2025 ele estava pronto.

Russell Vought, contudo, é uma pessoa bem relacionada nos círculos políticos de Washington, que galgou as fileiras da política republicana com a abordagem metódica que seria de esperar de um especialista em orçamento. Vought foi criado em Connecticut, no que ele mesmo chama de família de classe trabalhadora profundamente cristã.[17] Estudou no Wheaton College, faculdade cristã conservadora de artes liberais no Illinois, cujo aluno mais famoso foi o líder espiritual Billy Graham. Mais tarde cursou a Faculdade de Direito da Universidade George Washington.

Vought entrou na política trabalhando para o senador Phil Gramm, do Texas, o porta-estandarte do conservadorismo fiscal em Washington no fim dos anos 1980 e nos anos 1990.[18] Em seguida trabalhou para o membro da Câmara de Representantes Jeb Hensarling, ex-colega de Gramm que se tornou chefe do Comitê de Serviços Financeiros da Câmara, e depois do Comitê de Estudos Republicanos, um grupo fortemente conservador de membros do Congresso. Mais tarde, trabalhou para o representante Mike Pence — colega de conservadorismo fiscal e cristianismo evangélico — e na Heritage Foundation.

Calvo, barba bem aparada, óculos de aros grossos, Vought tem um ar suave que disfarça uma visão bem radical do mundo. O cristianismo é tema central em sua vida e na carreira, influenciando até sua abordagem orçamentária. Durante as audiências de confirmação de Vought em 2017, para o cargo de vice-diretor do OMB, o senador Bernie Sanders interrogou Vought sobre uma coluna de 2016 na qual ele escrevera:[19] "Não é só que os muçulmanos tenham uma teologia deficiente. É que não conhecem Deus, porque rejeitaram Jesus Cristo, seu Filho, e estão condenados".[20] Sanders enfrentou uma reação adversa pelo que os críticos chamaram de teste religioso para confirmação, e Vought foi aprovado pela diferença de um voto.

Ainda que a linha de interrogação de Sanders tenha sido inadequada, as opiniões religiosas de Vought são essenciais para quem quiser entender sua política. Embora manifeste respeito pela tradição de separar a Igreja do Estado, ele sustenta que o cristianismo ainda deveria ter grande influência na forma de governar os Estados Unidos. Num podcast de 2023 com o representante Tim Burchett, republicano do Tennessee, Vought descreveu a missão do Center for Renewing America, o grupo que ele fundou depois de deixar a Casa Branca: "A prioridade número um da nossa organização é recuperar uma noção neste país, um consenso de que não somos um país secular, de que somos uma nação cristã, como foi fundada", disse ele. "Isso deveria ser compartilhado por todos, mesmo por aqueles que têm liberdade religiosa para seguir outra fé."

E embora alguns conservadores religiosos recusem o rótulo de nacionalistas cristãos, e argumentem que o termo não significa nada, Vought não se opõe a ele. "Diferentemente da maioria dos termos pejorativos, esse descreve uma coisa que é verdadeira", disse ao líder da organização Turning Points USA,

Charlie Kirk, em fevereiro de 2024. "Somos cristãos que são nacionalistas. Somos pessoas que acreditam que temos uma nação cristã. Quero dizer, nacionismo [sic] cristão provavelmente é o aspecto mais preciso daquilo em que acredito."[21]

Essa combinação de cristianismo devoto e rigoroso conservadorismo fiscal teria feito de Vought o candidato perfeito para um governo encabeçado por Ted Cruz, Mike Huckabee ou Rick Santorum, ou por seu velho chefe Mike Pence, mas nenhum deles ganhou as prévias de 2016, e Vought não era uma escolha natural para Donald Trump — um mulherengo manifestamente não religioso que concorreu ao cargo prometendo desmantelar ortodoxias conservadoras sobre gastos e defender programas como Previdência Social e Medicare.

Apesar disso, Vought encontrou lugar na Casa Branca de Trump, primeiro como vice-diretor do OMB, depois como diretor interino, em 2019 e 2020, e finalmente como diretor confirmado pelo Senado a partir de julho de 2020. Vought tinha passado a maior parte da carreira no Capitólio, onde muitos empregados são mal pagos, embora muito dedicados, e, assim como Dans, não ficou nem um pouco impressionado com a qualidade profissional nem com a ética de trabalho dos funcionários do Poder Executivo. Disse Vought num discurso:

> Assisti da primeira fila a muitas dessas questões e, o que é mais importante, [vi] que o pensamento ruim acabava prejudicando o que estávamos tentando fazer, da parte de nomeados políticos pouco empenhados que se recusavam a ocupar a posição de superioridade moral, especialmente nos dois primeiros anos de governo do presidente.[22]

Adaptar-se ao governo Trump significava dar menos ênfase ao arraigado conservadorismo fiscal de Vought. Durante a campanha de 2016, Trump prometeu reduzir a dívida nacional, mas a verdade é que ela cresceu de maneira constante ao longo de todo o seu mandato, e disparou em 2020, quando o governo investiu em estímulos relacionados à covid-19.[23] Só Abraham Lincoln e George W. Bush viram o déficit crescer mais rápido, em parte graças aos imensos cortes de impostos de Trump. Segundo a projeção de uma análise feita em 2024 pelo Comitê para um Orçamento Federal Responsável, grupo apartidário que defende déficits menores, os planos de Trump para o segundo mandato aumentariam o déficit em 7,75 bilhões de dólares.[24]

Esse tipo de gasto levou alguns ex-colegas a acusarem Vought de contrair um "casamento de conveniência" com Trump para alcançar seus objetivos ideológicos, como informou o *Washington Post*.[25] Mas pode ser que as prioridades de Vought simplesmente tenham mudado. Várias pessoas que trabalharam para o primeiro governo Trump tinham origens ideológicas diferentes das do presidente, e muitas das que não saíram do governo ressentidas se tornaram convertidas fanáticas. A queixa é um tema central na carreira de Trump, e um sentimento de perseguição é comum entre cristãos conservadores como Vought, que se acham alienados da cultura mais ampla e se associam à Igreja oprimida dos primeiros tempos.

Vought passou a apoiar as ideias mais extremas de Trump. "Acho que a eleição [de 2020] foi roubada", disse ele numa entrevista em 2022.[26] E criticou a Federalist Society, vista por muitos liberais e centristas como a força mais poderosa na jurisprudência conservadora, acusando-a de irremediavelmente desconectada da realidade. "A Federalist Society não sabe que horas são", disse ele ao *New York Times* em 2023.[27] Em particular, acusou o grupo de estar insuficientemente sintonizado com o que julga serem ameaças existenciais ao país.

Num artigo de 2022, Vought escreveu:

> Vivemos um momento pós-constitucional no nosso país. Nossas instituições, nossos entendimentos e nossas práticas constitucionais foram transformadas, nas últimas décadas, distanciando-se das palavras no papel, num novo arranjo — um novo regime, digamos assim — que apenas finge respeitar a velha Constituição.[28]

Dois anos depois, quando Trump foi condenado por 34 crimes graves num tribunal de Nova York, Vought foi ainda mais direto: "Não venham me dizer que vivemos sob a Constituição", postou ele no X.[29] É uma conclusão assustadora, mas, para Vought e seus aliados, ela abre novas possibilidades para a concretização da sua abordagem preferida de governo.

A concentração de poderes pelo executivo

Os autores do Projeto 2025 tomam cuidado para que sua crítica seja formulada como uma defesa da Constituição. Em primeiro lugar, dizem, o Congresso abdicou do seu poder em favor do Poder Executivo. "A situação geral é constitucionalmente terrível, insustentavelmente cara e precisa urgentemente de reparos", escreve Vought. "Está em jogo nada menos do que a sobrevivência do autogoverno nos Estados Unidos."

Muitos acadêmicos, comentaristas e políticos, tanto de esquerda como de direita, concordam que o Congresso está hoje muito relutante em agir como um contrapeso ao Poder Executivo. O Legislativo permitiu que os presidentes iniciassem muitas guerras no exterior no último meio século e se tornou quase incapaz de aprovar um orçamento a tempo, confiando, em vez disso, em medidas emergenciais e paralisações. Não é assim que se governa.

Em segundo lugar, e mais controvertido, os autores do Projeto 2025 reclamam que os burocratas de carreira se tornaram um quarto poder, não eleito, do governo. Acreditam que um funcionalismo público que permanece no cargo independentemente de quem seja o presidente são um problema para qualquer administração, porque seus membros resistem a mudanças. Mas veem nisso uma questão particularmente grave para um governo de direita, porque (como mostram as pesquisas) os servidores federais, em geral, são simpatizantes do Partido Democrata.

A solução proposta pelo Projeto 2025, contudo, é paradoxal: os autores querem transferir ainda mais poder para o presidente. Vought tenta propor uma solução impossível sugerindo o "uso agressivo dos vastos poderes do Executivo para devolver o poder — incluindo o poder atualmente exercido pelo Executivo — para o povo americano". Isso centraliza numa única figura, que nem sequer é eleita pelo voto popular, mais poder do que os eleitores ou o Congresso jamais pretenderam. Em resumo, é uma manobra para contornar os freios e contrapesos estabelecidos na Constituição. Como disse Vought ao *New York Times*: "O que estamos tentando fazer é identificar os bolsões de independência para tomar conta deles".[30]

Para tanto, o plano prevê transformar duas das divisões mais rotineiras e tranquilas do governo federal — o Escritório de Gestão e Orçamento e o Departamento de Justiça — em armas de intenso partidarismo.

Escritório de Gestão e Orçamento

Washington não é uma cidade sexy, e o governo não é uma atividade sexy, mas mesmo por esses padrões o OMB é tido como um lugar sem graça. Sua tarefa mais visível para o público consiste em montar o orçamento que o presidente envia ao Congresso todos os anos, mas além disso tem um papel importante na supervisão do funcionamento diário do Poder Executivo. O OMB não é um canto estagnado, e por sua direção já passaram alguns dos operadores mais talentosos, mais respeitados, mais bem relacionados de Washington, dos dois partidos, mas normalmente não chega a ser um pomo de discórdia, um objeto de disputas partidárias. Historicamente, seu diretor só aparece no noticiário quando alguma coisa dá muito errado na Casa Branca ou na economia — como quando o diretor Peter Orszag, no governo Obama, se tornou um improvável símbolo sexual da Grande Recessão.[31]

No entanto, o OMB está no cerne do plano do Projeto 2025 para reformular o governo federal. Embora o OMB seja "um sistema de controle de tráfego aéreo do presidente", escreve Vought, outras partes do governo costumam desconsiderá-lo (pior ainda, ignorá-lo), vendo-o apenas como o pessoal do dinheiro. Ele acha que isso é um erro.

"As políticas, quando divorciadas dos recursos necessários para a sua implementação, já nascem mortas — são exercícios acadêmicos que comprometem a nossa segurança nacional e deixam departamentos e agências atuarem por conta própria", escreve. Não é só uma questão de quem tem o dinheiro. Esse desdém ignora o que para ele é uma função crucial na implementação de políticas: vencer a resistência de funcionários de carreira preguiçosos ou ideologicamente opositores. O OMB "tem as únicas ferramentas estatutárias à disposição da Casa Branca com poder suficiente para suplantar as burocracias das agências de implementação". Com grande frequência, escreve Vought, o OMB serve como um meio para os funcionários das agências (sejam de carreira ou indicados politicamente) fazerem seus próprios interesses chegarem à Casa Branca, quando deveria ser um canal para transmitir as prioridades da presidência às agências.

Vought espera acrescentar uma nova arma ao arsenal do OMB. O bloqueio de verba é um termo técnico, mas com enorme impacto potencial. Vought não discute diretamente o assunto nas *Diretrizes*, mas como parte da sua campanha Trump prometeu usá-lo,[32] e Vought tem defendido esse recurso em outros lugares.[33] A Constituição dá ao Congresso o poder de gastar e arrecadar dinheiro, mas os governos sempre quiseram ter mais controle para bloquear verbas — em resumo, para se recusar a gastar ou para adiar os gastos. Legisladores e presidentes se desentenderam por causa dessa prática até 1974, quando o Congresso, magoado com Richard Nixon, aprovou a Lei de Controle Orçamentário e de Bloqueio de Verbas do Congresso, estabelecendo que o Poder Executivo só poderia bloquear verbas com a aprovação do Congresso.[34]

Até pouco tempo atrás, a lei era relativamente incontroversa. Os presidentes raramente pediam ao Congresso para rescindir verbas, e desde 2000 o Congresso não deferia um pedido. Em 2019, Trump tentou bloquear e limitar o dinheiro que o Congresso tinha destinado à Ucrânia, numa tentativa de forçar o presidente daquele país a abrir uma investigação contra Hunter Biden, filho de Joe Biden. A Câmara respondeu com o impeachment de Trump, embora ele não tenha sido condenado no Senado.

Vought e outros especialistas de direita querem acabar com a Lei do Controle do Bloqueio de Verbas. Em carta ao Congresso no fim do governo Trump, funcionários do OMB escreveram que o departamento "é inviável na prática e deveria ser significativamente reformado ou revogado".[35] O Centro para Renovação da América chamou a lei de "inconstitucional".[36] Trump prometeu fazer lobby no Congresso para revogar a lei, mas disse também que ia "tomar medidas para contestar a constitucionalidade dos limites impostos ao poder de bloquear verbas".[37] Trocando em miúdos, isso significa que ele pretende, em primeiro lugar, violar a lei e, em seguida, esperar que a Suprema Corte fique do seu lado.

O uso do bloqueio de verba por presidentes anteriores foi quase sempre limitado, mas um uso agressivo reduziria drasticamente o controle pelo Congresso, porque é inútil alocar recursos financeiros se não se pode forçar o governo a gastá-los. Na casa de espelhos distorcidos do MAGA, isso é um freio ao Legislativo, quando, na verdade, é uma maneira de o presidente anular o poder de gasto atribuído ao Congresso pela Constituição. A Casa Branca começou a tentar bloquear verbas já na primeira semana do segundo mandato de Trump.

Vought não pararia por aí. Ele escreve que muitos diretores se concentraram demais no lado "orçamento" do nome do OMB, ignorando a parte de "gestão". Mais importante ainda, isso significa gerenciar quem de fato trabalha no governo. O Projeto 2025 estabelece três grandes metas para compor o quadro de funcionários da administração federal. Em primeiro lugar, propõe encontrar indicados políticos que sejam mais ideologicamente dedicados ao projeto MAGA e prepará-los melhor para trabalhar no governo. Em segundo lugar, sugere converter mais cargos em nomeações políticas, cujos ocupantes saem no fim de um governo, substituindo posições ocupadas por funcionários de carreira. Em terceiro lugar, recomenda usar táticas de terror para forçar os servidores públicos atuais a obedecerem. (Não é hipérbole. "Queremos traumatizá-los", disse Vought.)[38]

Dans e Vought saíram do primeiro governo Trump imensamente frustrados com a qualidade profissional da maioria dos outros nomeados políticos, e tinham razão. Ao assumir o cargo, Trump não fez da contratação cuidadosa uma de suas prioridades. Recentes candidatos a presidente escolhem um assessor confiável e experiente para começar os preparativos bem antes da eleição, mas Trump não tinha esperança de ganhar, e não entendeu a importância dessa tarefa.[39] Seu Escritório de Pessoal Presidencial tinha menos funcionários do que deveria e era formado por assessores iniciantes, com pouca experiência de governo.

Mesmo sem esses erros, Trump enfrentou desafios para formar sua equipe. Muitas pessoas que tinham servido em administrações presidenciais anteriores, ou em outros setores da política republicana, não estavam dispostas a trabalhar com Trump, fosse por preocupações relativas à sua ideologia ou ao seu temperamento, fosse por medo do que isso poderia significar para a reputação delas. A situação obrigou o presidente a recorrer a um grupo de funcionários que não teriam as credenciais para trabalhar em outra administração ou não acreditavam em seu projeto político, mas estavam dispostos a servir pelo que viam como o bem do país ou para obter ganhos pessoais.

"Na fase inicial do PPO, o governo Trump nomeou menos indicados políticos em seus primeiros meses no cargo do que em qualquer outra presidência recente", em parte porque altos funcionários tratavam vagas não ocupadas como uma forma de cortar gastos, escreveram Donald Devine, Dennis Dean Kirk e Paul Dans. "O efeito disso foi dificultar permanentemente os objetivos políticos do novo presidente."

Mas os autores do Projeto 2025 não buscam apenas um retorno a práticas de contratação mais rigorosas e profissionais de presidências anteriores. Normalmente, uma campanha presidencial e uma nova administração cuidam da preparação e do recrutamento, mas a equipe do Projeto 2025 adiantou esse trabalho o máximo que pôde e por sua própria conta, mesmo antes de os republicanos escolherem um candidato. Os organizadores agiram logo para recrutar seguidores leais e comprometidos para o próximo mandato de Trump na Casa Branca. No verão de 2024, Dans disse à Australian Broadcasting Corporation que a Heritage tinha um banco de dados com uma lista de 10 mil nomes de candidatos a contratação. "Queremos pessoas que foram canceladas, que figurativamente deram o sangue pelo movimento", disse ele. "Mães que desafiaram conselhos escolares. Pessoas que se levantaram nas empresas e disseram: 'Chega de DEI [diversidade, equidade e inclusão] e de wokismo'".[40]

Dans, que saltou ele mesmo abruptamente para dentro do governo, sabe que eles precisam ser instruídos sobre o funcionamento do setor público, por isso o Projeto 2025 também produziu um conjunto de cerca de trinta cursos on-line, com vídeos de trinta a noventa minutos de duração, e algumas sessões de treinamento presencial. Os participantes receberiam certificados sobre assuntos como "Governança conservadora 101" e "O Estado administrativo e o processo regulatório".

Para os autores do Projeto 2025, não basta melhorar a qualidade profissional dos indicados políticos. Deve haver muito mais cargos de nomeação política e muito menos funcionários de carreira. É isso que significa a promessa de Kevin D. Roberts de "desmantelar o Estado administrativo". Quase 150 anos atrás, o Congresso aboliu o sistema clientelista de distribuir empregos no governo como favores políticos para apoiadores. Em seu lugar, foi criado o funcionalismo público moderno, composto por servidores de carreira que servem ao governo, seja ele qual for. (Umas poucas camadas dos cargos de mais alto escalão continuam ligadas à política.)

Desde então, o governo federal cresceu imensamente. Agora emprega mais ou menos 2 milhões de pessoas, bem como 20 milhões de contratados. Os conservadores acham que isso é demais. (Aparentemente, nem toda expansão do governo é ruim: Vought propõe ampliar a equipe do OMB no capítulo do Projeto 2025 que redigiu.)

As pessoas reclamam da burocracia desde que o termo foi criado, mas Trump intensificou a retórica. Em 2017, ele começou a chamar os funcionários do governo de "o Estado

Profundo". O uso da frase por Trump era descuidado e promíscuo, aplicado não apenas a burocratas de carreira que obstruíam ou retardavam suas políticas, mas também a militares alistados usando canais de denúncia, a funcionários de agência recusando-se a violar a lei em benefício dele e ao diretor do FBI que ele nomeou para supervisionar investigações criminais.

Os autores do Projeto 2025 estão prontos para reconhecer as boas intenções de um serviço público profissionalizado. "Os progressistas criaram um sistema de mérito para promover a expertise e proteger os burocratas de pressões político-partidárias, mas logo isso passou a impedir que os servidores públicos sejam responsabilizados", escrevem eles. Em política, os servidores públicos se inclinam fortemente para o Partido Democrata.[41] Na melhor das hipóteses, não apoiam uma administração conservadora; na pior, resistem ativamente a ela. Seja como for, os autores veem nisso uma afronta à ideia de um governo sensível à vontade dos eleitores. Servidores federais também gozam de fortes proteções trabalhistas, o que torna difícil removê-los.

O Projeto 2025 propõe reviver uma ordem executiva baixada por Trump no fim do seu primeiro mandato. Conhecida como "Anexo F", destinava-se a reclassificar cerca de cinquenta cargos do serviço público que estão, de alguma forma, relacionados à política como indicações. Isso permitia ao presidente demitir ocupantes desses cargos a qualquer momento. O Anexo F jamais foi plenamente implementado, e Biden o revogou ao assumir. Um dos primeiros atos de Trump quando voltou em janeiro de 2025 foi reativá-lo.

James Sherk, que redigiu o Anexo F, desconsiderou o impacto sobre a maioria dos funcionários de carreira, afirmando que a ordem serviria apenas para permitir ações direcionadas e incentivar outros funcionários a melhorarem o seu desempenho. "A ideia de que vamos demitir 50 mil pessoas é uma insanidade", disse ele à ProPublica em 2024. "Por que o faríamos? Prejudicaria a capacidade de implementarmos nossos objetivos políticos. Você recorre a isso para perseguir os maus elementos e os superincompetentes."[42]

Nem todo mundo tem tanta certeza disso. "Queremos que os burocratas sejam traumaticamente afetados", disse Vought num discurso de 2023. "Queremos que acordem de manhã sem vontade de ir trabalhar, porque são vistos cada vez mais como vilões."[43] Nessas circunstâncias ninguém precisaria demiti-los. Eles mesmos pediriam demissão.

Em seu comentário sobre a burocracia federal, os autores identificam um problema potencialmente válido. Americanos de todas as convicções políticas têm lá suas frustrações com os serviços do governo. No entanto, a solução que oferecem mais uma vez provavelmente vai piorar as coisas, e não melhorar. Substituir um sistema de mérito disfuncional por um sistema abertamente baseado em lealdade tornará a competência menos prioritária; os funcionários serão escolhidos com base em sua posição política, e não em suas habilidades.

Veja-se o caso da principal agência de saúde pública do país, que a pandemia de coronavírus mostrou ser desorganizada e despreparada. "Os Centros de Controle de Doenças [CDCs, sigla de Centers for Desease Control] têm apenas um pequeno grupo de funcionários encarregados da parte política, que são nomeados pelo presidente — os outros, milhares, são todos funcionários de carreira", escreveu Vought em 2022. Mas certamente o problema nos CDCs tem a ver com falhas de especialização, e não com insuficiente fidelidade ideológica a um único indivíduo. Um êxodo de funcionários experientes também representaria uma perda imensa de conhecimento e habilidades, que levaria anos para ser reposta, se é que um dia seria.

Departamento de Justiça

O plano para reformular o governo exige não apenas um manual minucioso, mas também métodos de aplicação. É aí que o Projeto 2025 se volta para o Departamento de Justiça, que, sendo a principal agência de aplicação da lei no país, pode exercer muito poder de múltiplas maneiras. O FBI, a DEA (Drug Enforcement Administration, a agência de combate às drogas), os Delegados Federais dos Estados Unidos (U.S. Marshalls), a Divisão de Álcool, Tabaco, Armas de Fogo e Explosivos são órgãos do departamento. Os Advogados do Departamento de Justiça são responsáveis por processar crimes federais, cuidar de casos de direitos civis, falar em nome do governo perante a Suprema Corte e representar outros departamentos em processos judiciais.

O Departamento de Justiça ocupa posição única, fazendo parte do Poder Executivo e sendo, ao mesmo tempo, um tanto autônomo dentro dele. Seu chefe, o procurador-geral, exerce o cargo de acordo com a vontade do presidente, assim como vários vices importantes. Mas o procurador-geral não é o advogado pessoal do presidente, assim como não é o advogado que lida com a maioria das questões diretamente relacionadas ao funcionamento diário, que são tratadas pelo advogado da Casa Branca.

Algumas salvaguardas protegem o departamento contra o envolvimento direto na política partidária. A Constituição exige que o presidente "cuide para que as leis sejam fielmente executadas", e, por lei, que o Departamento de Justiça lide com certos litígios. Um conjunto de diretrizes há muito estabelecidas rege suas ações, e a consistência na aplicação e interpretação é um requisito pétreo de qualquer sistema de Estado de direito.

Apesar disso, é fácil ver por que os cidadãos temem que qualquer presidente use o grande poder do Departamento de Justiça como ferramenta de guerra política. Muitos presidentes corromperam o órgão.[44] Em 1961, John F. Kennedy nomeou para procurador-geral Robert Kennedy, seu irmão mais novo, sem nenhuma prática de advocacia. No "Massacre de Sábado à Noite" de 1973, Richard Nixon tentou demitir o promotor especial que investigava o escândalo de Watergate, e o procurador-geral e o procurador-geral adjunto renunciaram num gesto em defesa da independência do Departamento de Justiça. Depois da eleição de 2020, vários funcionários de Trump ameaçaram renunciar em protesto contra as tentativas do presidente de usar o órgão para subverter os resultados eleitorais.

"Nem mesmo os nossos melhores procuradores-gerais se livraram da suspeita de que, por serem nomeados políticos pelo presidente, vão ser leais a ele acima de qualquer outro dever", disse certa vez o senador Alan Cranston.

Para pensadores de direita como os autores do Projeto 2025, no entanto, isso mais parece um cenário de sonho. Eles acham que o status ambíguo peculiar do Departamento de Justiça é inaceitável do ponto de vista constitucional. "[Sobre a] ideia de uma agência independente — seja uma agência totalmente independente, como a Comissão Federal de Comunicações, seja uma agência com partes que se julgam independentes, como o Departamento de Justiça —, estamos fincando uma bandeira e dizendo que rejeitamos completamente essa noção", disse Vought à emissora de rádio NPR [National Public Radio] em 2023.[45] (O Projeto 2025 sugere provocar a Suprema Corte a anular o precedente de 1935 que permite a independência de agências.)

Trump chegou instintivamente à mesma conclusão bem antes disso. Em 2017, ele disse ao *New York Times* que tinha o "direito absoluto de fazer o que quisesse com o Departamento de Justiça".[46] Isso não o impediu de, logo após deixar o cargo, queixar-se de que Biden estava politizando impropriamente o Departamento de Justiça ao investigar a subversão eleitoral de Trump e o acúmulo de documentos altamente confidenciais em Mar-a-Lago.[47] (Não há qualquer prova de interferência política de Biden nesses casos, que envolveram atos explícitos de Trump.) O Projeto 2025, por sua vez, usa as alegações espúrias de Trump para reforçar os argumentos de que ele deve politizar o departamento.

O capítulo do Projeto 2025 sobre o Departamento de Justiça é escrito por Gene Hamilton, advogado que trabalhou tanto nesse departamento quanto no de Segurança Interna durante o primeiro governo Trump, no qual foi um arquiteto da política do presidente de separar as famílias na fronteira meridional.[48] "O Departamento de Justiça se tornou um departamento que recentemente 46,6% dos americanos apontam como, em sua opinião, 'político demais, corrupto e indigno de confiança'", escreve Hamilton. "A restauração dos valores de independência, imparcialidade, honestidade, integridade, respeito e excelência do departamento deve servir como princípio fundamental para seus esforços em todas as frentes."

Também nesse caso o Projeto 2025 identifica um problema genuíno — a falta de confiança dos americanos comuns na imparcialidade do Departamento de Justiça — e propõe resolvê-lo tornando a instituição menos imparcial. Hamilton se queixa de que o Departamento de Justiça não segue o Estado de direito, mas a lista de acusações é construída em sua quase totalidade por histórias mal fundamentadas, tendenciosas ou simplesmente incorretas publicadas pela mídia conservadora. Além disso, Trump tem demonstrado um profundo desrespeito pelo Estado de direito, desdenhando, em toda a sua carreira, dos sistemas judiciários, da imparcialidade judicial e das leis. Levando em conta as consistentes ameaças de Trump de represália contra seus detratores, o perigo de um Departamento de Justiça transformado em ferramenta de guerra política é claro. Como teria dito o ditador peruano do século xx Oscar Benavides: "Para os amigos, tudo; para os inimigos, a lei".[49]

Diretrizes antigas determinam que a Casa Branca só deve se comunicar com o Departamento de Justiça por intermédio do procurador-geral ou do procurador-geral adjunto, para evitar interferência política, mas o Projeto 2025 advoga a eliminação dessas regras e a integração estreita dos objetivos políticos do presidente com a instituição. "O departamento está sob supervisão e controle diretos do presidente dos Estados Unidos, como um componente do Poder Executivo", escreve Hamilton. "Assim sendo, e deixando de lado processos criminais que justifiquem um tratamento diferente, as decisões de litígio devem ser tomadas de acordo com os objetivos políticos do presidente."

Um objetivo especial é colocar o FBI na linha. Levando em conta a história de abusos da agência, remontando à sua fundação, não é má ideia. Desde 1976, o Congresso fixa um mandato de dez anos para a direção, a fim de evitar pressões políticas impróprias e excessos como os cometidos por J. Edgar Hoover, que foi diretor por um longo período. Mas também nesse caso o problema são os métodos e as pessoas que os adotam. Hamilton escreve que "em nenhuma circunstância se deve permitir que o FBI ignore o procurador-geral ou os líderes do departamento em qualquer assunto que esteja dentro da sua área de responsabilidade", o que faz sentido no caso de um Departamento de Justiça blindado da política partidária, mas poderia ser problemático, por exemplo, numa investigação criminal contra um presidente em exercício que tenha violado a lei. Hamilton também propõe a eliminação do mandato de dez anos. Na prática, Trump já fez isso, primeiro demitindo o diretor James Comey em 2017, depois pressionando Chris Wray, que ele nomeara para substituir Comey, a renunciar antes mesmo de tomar posse pela segunda vez.

Juntas, essas mudanças acabariam com a semi-independência do Departamento de Justiça, transformando-o num órgão dedicado principalmente a apoiar a política da Casa Branca. O FBI e o Departamento de Justiça poderiam ser usados para investigar qualquer pessoa que tentasse frustrar os objetivos políticos do presidente. Mesmo que não rendessem acusações formais ou condenações, as investigações poderiam custar caro e aterrorizar os alvos, além de intimidar qualquer um que se sentisse tentado a discordar ou levantar dúvidas. As ideias de Hamilton colocariam uma marreta partidária na ponta do longo braço da lei.

Quando comentaristas e acadêmicos alertavam sobre o crescimento do autoritarismo nos últimos anos, alguns americanos interpretavam o aviso como uma afirmação de que não haveria mais eleições se Trump assumisse o cargo. (O candidato Trump às vezes incentivava essa interpretação, como quando, conforme vimos, disse a um grupo cristão: "Daqui a quatro anos, vocês não vão precisar votar de novo. Vamos arranjar tudo tão bem que vocês não vão precisar votar".)[50] Mas o avanço do autoritarismo e o declínio da democracia nos Estados Unidos se parecem de fato com o que o Projeto 2025 delineou como plano de ação. O movimento MAGA busca consolidar o poder de Trump, enfraquecer os freios e contrapesos do Congresso, degradar a expertise e afastar qualquer pessoa que se oponha a violações do Estado de direito. Os resultados desses esforços não serão sentidos de imediato. Na verdade, o sistema entrará silenciosamente em colapso, de dentro para fora.

Não se sabe ao certo com que rapidez tudo isso pode acontecer. Quando se lida com alguém imprevisível como Donald Trump, estar preparado ajuda, mas só até certo ponto. O Projeto 2025 avaliou milhares de postulantes a empregos, mas, ao ganhar a eleição em 2024, Trump começou a fazer suas escolhas de maneira caótica e improvisada. (Consta que Matt Gaetz teria sido escolhido para o cargo de procurador-geral durante um voo de duas horas; mas Trump foi obrigado a desistir da nomeação apenas oito dias depois.)[51]

Mas os autores do Projeto 2025 conhecem Trump, e se prepararam para isso. Entenderam que, embora as escolhas do presidente para cargos de alta visibilidade nem sempre sejam as mais qualificadas, os escalões imediatamente abaixo seriam preenchidos por vices capazes e dedicados. Enquanto isso, a renomeação de Vought como diretor do OMB garante que ele estará no lugar certo para pôr em prática o plano que desenvolveu.

SEÇÃO II

Os objetivos

1. Gênero, família e direitos

O NACIONALISMO CRISTÃO DE RUSSELL VOUGHT e outros colaboradores do Projeto 2025 se manifesta com mais clareza na abordagem das questões de gênero, raça, educação, saúde e direitos civis. O Projeto 2025 imagina os Estados Unidos como um país onde o aborto é estritamente ilegal, o sexo é rigorosamente policiado, escolas públicas não existem e a Justiça é severa, em consonância com princípios cristãos fundamentalistas que formariam a base explícita para a política. Embora outras ideias expostas no Projeto 2025 sejam igualmente radicais, ou até mais, esses são os objetivos políticos centrais — as propostas mais desenvolvidas e mais profundamente sentidas, e que teriam efeitos mais imediatos e de longo alcance na vida diária da maior parte dos americanos.

No prefácio de *Diretrizes para os líderes*, Kevin Roberts cita Ronald Reagan num discurso de 1967: "Liberdade é coisa frágil e nunca está a mais de uma geração de distância da extinção".[1] Muitos americanos talvez concordem, mas a maneira como o Projeto 2025 define liberdade pareceria estranha até mesmo para muita gente que votou em Donald Trump.

"Nossa Constituição assegura a cada um de nós a liberdade de fazer não o que queremos, mas o que devemos", escreve Roberts. Onde as promessas de liberdade da Constituição acabam, o Projeto 2025 propõe a imposição de um conjunto de obrigações: às normas tradicionais de gênero, com um machismo robusto, uma feminilidade recatada e nada no meio; às normas ortodoxas; e à desigualdade racial herdada.

O interesse da direita por essas áreas não é nenhuma novidade. O cristianismo evangélico domina há mais de quatro décadas o Partido Republicano. A decisão da Suprema Corte, em 2022, sobre o caso Dobbs vs. Jackson Women's Health Organization, que derrubou o direito ao aborto estabelecido em Roe vs. Wade em 1973, foi a culminação de décadas de trabalho social de grupos conservadores. Mas os autores do Projeto 2025 estão dispostos a defender publicamente seus objetivos políticos com mais vigor do que outros conservadores tradicionais — ou Trump — costumam fazer.

A prioridade número um do Projeto 2025 é "restaurar a família como espinha dorsal da vida americana e proteger nossas crianças". Os autores abordam por essa lente tópicos que vão de educação a tecnologia e legislação trabalhista. Contanto que as famílias atendam à rigorosa definição estabelecida no Projeto 2025 — um homem, uma mulher e crianças com gêneros compatíveis, de preferência cristãs —, os autores querem que as políticas públicas deem a elas flexibilidade na escolha de como os filhos são educados e como os pais ganham a vida (saindo para trabalhar ou trabalhando em casa). Algumas dessas ideias podem atrair amplo apoio. No entanto, o foco na família exige uma disposição para sacrificar os direitos tanto de indivíduos como de outras comunidades que não tenham base na família ou na religião. Embora Roberts afirme que "o objetivo principal de centralizar o poder político é subverter a família", o Projeto 2025 defende o uso do poder centralizado do governo federal para impor a visão de família que ele prega.

Aborto

É muito cínico dizer que a guinada "pró-família" da direita é apenas um novo nome da política antiaborto, porque seus proponentes estão empenhados em promover sua visão da família por meio de outras políticas, mas proibir o aborto ainda é a maior prioridade.

"A decisão no caso Dobbs é só o começo", escreve Roberts. "Conservadores nos estados e em Washington, inclusive no próximo governo conservador, devem se esforçar ao máximo para proteger os nascituros em todas as jurisdições dos Estados Unidos."

Na maior parte das vezes, os locais para fazer esse esforço são o Congresso, em que qualquer proibição federal teria que começar; a Suprema Corte e outros tribunais, que os conservadores vêm há anos trabalhando para preencher com juristas pró-vida; e o Departamento de Saúde e Serviços Humanos [HHS, sigla de Department of Health and Human Services]. "Para o bem ou para o mal, as atividades do HHS têm impacto na vida pessoal de maior número de americanos do que as atividades de qualquer outro órgão federal", escreve Roger Severino.

Severino é um fanático militante antiaborto, descrição que ele muito provavelmente não consideraria pejorativa. Americano filho de imigrantes, e católico fervoroso, começou a carreira de advogado no Becket Fund for Religious Liberty, uma banca de advogados conservadora, sem fins lucrativos, que atua judicialmente em busca de isenções legais para organizações religiosas.[2] Ele passou anos no Departamento de Justiça, inclusive no governo do presidente Barack Obama, e depois chefiou o Escritório de Direitos Civis do HHS no governo Trump. Sua esposa, Carrie Severino, é também uma destacada advogada pró-vida que trabalha para garantir a nomeação de juízes conservadores para tribunais federais.

A preocupação de Roger Severino com o aborto transparece em quase todas as páginas do seu capítulo, e ele vê potencial para políticas pró-vida em lugares que muita gente talvez não esperasse. Sua principal objeção às orientações federais de vacinação contra a covid-19 é que as vacinas usavam linhagens de células fetais (derivadas de abortos eletivos feitos nos anos 1970 ou nos anos 1980) para desenvolvimento e teste. Embora o Vaticano tenha divulgado uma declaração considerando as vacinas "moralmente aceitáveis", Severino não concorda.[3] "Não existe jamais justificativa para acabar com a vida de uma criança como parte de uma pesquisa", escreve ele. Apesar de propor que o Escritório de Reassentamento de Refugiados [ORR, sigla de Office of Refugee Resettlement] do HHS seja transferido para o Departamento de Segurança Interna, por exemplo, ele se apressa a explicar: "Independentemente de onde o ORR exerça suas funções, os funcionários e provedores de cuidados do organismo jamais deveriam estar autorizados a facilitar abortos em crianças desacompanhadas sob sua custódia".

Mas muitas de suas propostas são mais diretas. Em primeiro lugar: Severino quer proibir o processo de prescrever medicamentos para aborto via telessaúde, assim como o envio desses medicamentos pelo correio, e reverter a aprovação dos medicamentos pela FDA [Food and Drug Administration, o órgão para administração de alimentos e medicamentos]. Como quase dois terços dos abortos nos Estados Unidos em 2023 foram abortos medicamentosos (ou seja, sem envolver procedimentos cirúrgicos), isso restringiria severamente o acesso ao procedimento.[4] Abortos medicamentosos se tornaram mais comuns desde que o caso Dobbs provocou o fechamento de clínicas de aborto em muitos estados. (Em todo o país, as taxas de interrupção da gravidez na verdade aumentaram ligeiramente depois do caso Dobbs.)[5] Para as mulheres que querem abortar em estados com proibição, esses medicamentos são essenciais. Para conservadores pró-vida, são uma atrocidade moral e uma brecha que precisa ser fechada.

"As pílulas abortivas representam a maior ameaça às crianças não nascidas num mundo pós-Roe", escreve Severino. Ele alega que o aborto medicamentoso tem uma taxa de complicação quatro vezes mais alta do que o cirúrgico, embora a base dessa informação seja, ao que tudo indica, um artigo que foi retirado de circulação após a publicação das *Diretrizes*. E afirma que a aprovação da FDA sempre foi ilegal. (Em 2024, a Suprema Corte rejeitou uma contestação conservadora à aprovação com base em questões de legitimidade.)[6]

O Projeto 2025 vai além, no entanto, afirmando que o governo federal deveria impedir o envio pelo correio de medicamentos abortivos por meio da aplicação da Lei Comstock, de 1873, que proíbe "material obsceno, lascivo, libidinoso, indecente, imundo ou vil", assim como qualquer coisa relacionada ao aborto; anteriormente, proibia o envio pelo correio de alguns contraceptivos.[7] Com Roe em vigor, as partes da lei relativas ao aborto caíram em desuso, e alguns ativistas veem nisso um caminho para proibir a maioria dos abortos medicamentosos. "Permitir abortos por correspondência é uma dádiva para a indústria do aborto", escreve Severino. (Governos de estados progressistas e outros grupos começaram a armazenar medicamentos abortivos depois da decisão do caso Dobbs, como precaução contra a Lei Comstock.)[8]

Enquanto o aborto continuar a ser legal em algum lugar, Severino quer instituir uma agressiva vigilância governamental contra a prática. Escreve ele:

> Como os estados liberais acabaram se tornando refúgios para o turismo do aborto, o HHS deveria lançar mão de todas as ferramentas disponíveis, incluindo o corte de recursos, para garantir que todos os estados informem exatamente quantos abortos ocorrem dentro de suas fronteiras, qual a idade gestacional da criança, qual o motivo, o estado de residência da mãe e qual o método.

Na melhor das hipóteses, isso se tornaria um meio de intimidação. Na pior, permitiria que o governo federal apoiasse a acusação a mulheres em estados com proibição de aborto que buscassem fazer o procedimento em outros estados. Numa opinião concordante, o ministro Brett Kavanaugh escreveu que os estados não podem proibir viagens para realizar o aborto, mas algumas jurisdições ainda continuam tentando fazer isso.[9]

Severino quer revogar a regra do governo Biden que permite que dinheiro do Medicaid seja usado por governos estaduais que facultam o aborto para pagar o procedimento em mulheres residentes em outros estados. Quer também cortar o financiamento federal para a Planned Parenthood.* A lei em vigor proíbe que dinheiro federal seja usado para aborto (na maio-

---

*Organização mundial, sem fins lucrativos, que oferece cuidados de saúde reprodutiva e educação sexual, provedora de serviços nessa área, incluindo o aborto. (N. T.)

ria dos casos), mas a Planned Parenthood oferece uma série de outros serviços de saúde materna. Os conservadores argumentam que, sendo o dinheiro um bem fungível, cada dólar que o governo federal envia para a Planned Parenthood libera financiamento para o aborto. No entanto, esforços anteriores para suspender os recursos concedidos ao grupo não tiveram êxito no Congresso. O Projeto 2025 também impediria que o Departamento de Assuntos de Veteranos desse acesso ao aborto.

Severino quer ajustar a pesquisa médica federal aos objetivos pró-vida. O HHS restabeleceria um comitê de ética da era Trump para supervisionar a pesquisa referente ao aborto que envolva tecido fetal derivado de aborto e faria lobby no Congresso para proibir a prática. A pesquisa do HHS exploraria "os danos, tanto mentais como físicos, que o aborto causou em mulheres e meninas", enquanto os CDCs "deveriam financiar estudos sobre os riscos e complicações do aborto". Isso não só injeta política na ciência, mas parece predeterminar conclusões.

O Projeto 2025 é um pouco mais aberto à contracepção do que ao aborto, apesar de sugerir a proibição da pílula do dia seguinte como um abortivo potencial. Pesquisadores médicos e a FDA descobriram que a pílula do dia seguinte previne, mas não interrompe, uma gravidez; cerca de um quarto das mulheres americanas a usaram pelo menos uma vez, de acordo com os CDCs.[10] O HHS também providenciaria para que grupos religiosos não tivessem que cumprir a exigência da Lei de Cuidados Acessíveis* de cobrir os custos de contraceptivos para seus funcionários.

---

*Lei federal dos Estados Unidos que reformou o sistema de saúde e expandiu o acesso a planos de saúde; foi sancionada em 2010 pelo então presidente Barack Obama. (N. T.)

Mas o HHS lutaria pelo retorno à educação que recomenda a abstinência como único comportamento aceitável. Como já haviam sido testados durante a era George W. Bush, e com resultados pífios, esses programas receberam o novo nome de "Prevenção de Riscos Sexuais".[11] Nomes à parte, o resultado é o mesmo: a subordinação da saúde baseada em evidências às crenças religiosas. Severino escreve que os Centros de Serviços Medicare e Medicaid deveriam garantir que apenas programas que enfatizam a abstinência recebam recursos federais e que tenham "toda oportunidade de provar sua eficácia", enquanto "qualquer programa que submeta proposta que promova risco em vez de saúde não deve ter direito a financiamento". Promover risco aqui parece incluir discussões sobre controle da natalidade. (Outra posição vigorosamente defendida na esfera sexual: "A pornografia deveria ser proibida", escreve Roberts. "As pessoas que a produzem e distribuem deveriam ser presas.")

Proibir o aborto resultaria em mais crianças colocadas para adoção, e Severino quer atenuar restrições a agências de adoção ligadas à fé religiosa que perderam suas licenças ou enfrentaram ações na Justiça por se recusarem a entregar crianças para casais gays ou para outras famílias que desaprovam por motivos religiosos.

Política sobre família

O foco em casais heterossexuais, casados, procriadores está em toda parte no Projeto 2025. "Famílias formadas por uma mãe e um pai casados e seus filhos são o alicerce de uma nação bem organizada e de uma sociedade saudável", escreve Severino. Ele argumenta que o governo federal deveria fortalecer organizações que "mantenham uma definição de casamento e família baseada na Bíblia e reforçada pelas ciências sociais", dizendo que outras formas são menos estáveis. (Sua alegação de que "a duração média de casamentos entre pessoas do mesmo sexo é metade da dos casamentos heterossexuais" não encontra apoio em dados.) O objetivo não é apenas moral; ele e outros autores também veem isso como um caminho para a estabilidade financeira e para o progresso das famílias.

Mudanças nas regras dos planos de previdência, como o 401(k) e outros programas de poupança também incentivariam o casamento. O HHS recrutaria igrejas e outras organizações de base religiosa para "fornecer orientação sobre casamento e criação de filhos a pais de baixa renda", o que poderia "esclarecer e ensinar os pais com base numa compreensão biológica e sociológica de o que significa ser pai — não um pai de gênero neutro — a partir da ciência social, da psicologia, de depoimentos pessoais etc.". Por meio de programas educacionais, incentivos fiscais e outros métodos, o sistema de apoio às crianças "deveria fortalecer o casamento como norma, restaurar lares desfeitos e incentivar casais não casados a se comprometerem com o matrimônio". O principal programa federal de assistência social, a Assistência Temporária para Famílias Necessitadas, rastrearia "o casamento, a formação de famílias saudáveis e o retardamento da atividade sexual para prevenir a gravidez".

De acordo com essa visão, homens são provedores e mulheres são mães. "Sem as mulheres, não há crianças, e a sociedade não tem como continuar", escreve Max Primorac. O

Departamento de Trabalho "se comprometeria a fazer estudos confiáveis sobre os desafios para as mulheres no mundo do trabalho profissional" e a buscar "entender as verdadeiras causas de diferenças salariais entre homens e mulheres", declara Jonathan Berry. Mais uma vez, isso parece pesquisa com resultado predeterminado em apoio à família tradicional. Num caso em que a esquerda radical encontra terreno comum com a direita natalista, Severino quer que doulas estejam disponíveis para todas as gestantes.

O Departamento do Trabalho produziria dados mensais sobre "o estado da família americana e seu bem-estar econômico", e o Departamento de Educação forneceria dados sobre estudantes classificados segundo estrutura familiar. Também institucionalizaria a observância religiosa pedindo que o Congresso exija que trabalhadores recebam 50% a mais por hora trabalhada no descanso semanal. (O padrão seria o domingo, mas a regra permitiria alternativas como o Sabbath judaico, que vai do pôr do sol na sexta-feira ao pôr do sol de sábado.) Pediria também que o Congresso postule que os empregadores permitam aos trabalhadores acumularem folgas remuneradas quando fizerem hora extra, em vez de receberem os 50% a mais. Jonathan Berry, escrevendo sobre o Departamento do Trabalho, propõe que o Congresso crie incentivos para creches no local de trabalho, enquanto Severino prefere que o governo pague aos pais (mais provavelmente às mães) para compensar o custo de cuidar das crianças, ou pague a membros da família para cuidarem das crianças em casa; ele é contra a creche universal, que muitos direitistas veem como um incentivo para as mulheres trabalharem fora, em vez de ficarem em casa com as crianças.

Para administrar e coordenar essas políticas, a Casa Branca criaria um cargo de alto escalão, mas o Conselho de Política de Gênero da Casa Branca, estabelecido por Joe Biden, seria extinto, e até seu título deveria ser amaldiçoado. Em vez disso, a administração instituiria uma série de mudanças destinadas a atacar os direitos de pessoas trans, forçar pessoas trans e não binárias a viverem na clandestinidade e expô-las à discriminação no trabalho, na escola e em todos os demais ambientes da vida. Até sua própria existência seria apagada da linguagem do governo federal.

"No passado, a palavra 'gênero' era uma alternativa polida para a palavra 'sexo' ou para o termo 'sexo biológico'", escreve Primorac. "A esquerda apropriou-se do termo 'gênero', que antes significava 'masculino' ou 'feminino', para incluir um espectro de outros que buscam alterar normas biológicas e sexuais."

O Projeto 2025 acabaria com isso. A Comissão de Igualdade de Oportunidades de Emprego rescindiria qualquer regra que proíba discriminação com base em orientação sexual, identidade de gênero, status transgênero e características sexuais, abrindo a porta para uma vasta gama de discriminação legalizada. (Essas regras, implementadas desde 1964, foram ampliadas e protegem as pessoas de discriminação no trabalho.)[12]

O HHS retrocederia em sua definição de sexo que abrange identidade de gênero e orientação sexual. O Instituto Nacional de Saúde [NIH, sigla de National Institute of Health], que Severino diz ter promovido uma "ciência de gênero de má qualidade", financiaria estudos destinados a minar a transição de gênero — ou as "intervenções de troca de sexo", como ele as chama. O Departamento de Educação deveria retirar uma categoria de dados para gênero não binário e definiria "sexo" sob o Título ix, o estatuto fundamental de não discriminação educacional, "apenas com o significando de sexo biológico reconhecido no nascimento". O Departamento de Assuntos de Veteranos descontinuaria cirurgias de redesignação de gênero.

Trump adotou medidas em algumas dessas frentes logo depois de tomar posse pela segunda vez, incluindo ordens "para reconhecer dois sexos, masculino e feminino", e proibir o uso de recursos federais para tratamentos de afirmação de gênero entre menores de dezenove anos. Ele e outros líderes e grupos têm transformado os ataques a pessoas trans e a expressões de gênero não tradicionais em pedra angular da política de direita nos últimos anos. Espalharam desinformação sobre pessoas trans,[13] apavorados com a possibilidade de crianças adotarem identidades de gênero ou nomes diferentes na escola.[14] Essa reação feroz é intolerante e mesquinha, e pode parecer bizarra: as pessoas trans representam menos de 2% da população, e sua presença não afeta de maneira óbvia a vida de outras pessoas. O contexto cristão e pró-família do Projeto 2025 ajuda a explicar por que opiniões de direita as veem como ameaça. Uma visão de mundo que considera papéis de gênero como estritamente delineados e imutáveis não tem como admitir a existência de pessoas trans ou de qualquer outra categoria que indique uma alternativa à estrita separação entre masculino e feminino.

Educação

Pais e família também estão no centro dos planos traçados no Projeto 2025 para uma mudança drástica na política federal de educação. Escreve Lindsey M. Burke:

> Embora a Suprema Corte dos Estados Unidos e outros tribunais federais tenham consistentemente reconhecido que os pais têm o direito e o dever de orientar o cuidado e a criação dos seus filhos, eles nem sempre trataram os direitos dos pais como iguais em importância a outros direitos fundamentais — como a liberdade de expressão ou o livre exercício da religião.

Isso ocorre supostamente porque, ao contrário da liberdade de expressão e de religião, pais e família não constam da Declaração de Direitos. No entanto, o direito dos pais de determinar o que os filhos aprendem, como aprendem e onde aprendem recentemente se tornou uma causa importante para a direita.

O objetivo final dos autores das propostas do Projeto 2025 para educação é o fim da escola pública tal como a conhecemos. "O próximo presidente [...] vai promover oportunidades educacionais fora do sistema de escolas públicas dominado pelos wokes", escreve Roberts. E Burke acrescenta que "a política de educação elementar e secundária deve seguir o caminho delineado por Milton Friedman em 1955, segundo o qual a educação é financiada publicamente, mas as decisões de educação são tomadas pelas famílias".

Nesse paradigma, o dinheiro do contribuinte seria dado às famílias na forma de vouchers ou de contas de poupança e poderia ser usado para pagar escolas religiosas ou outras instituições privadas de ensino, lentamente esvaziando as escolas públicas da base financeira necessária para manter os padrões educacionais. O Departamento de Saúde e Serviços Humanos também acabaria com o Head Start, o programa de educação infantil que atende a centenas de milhares de famílias e crianças de baixa renda. A curto prazo, o Departamento de Educação reduziria as restrições a escolas *charter*,* outra alternativa à educação pública.

A longo prazo, não haveria Departamento de Educação. "A política federal de educação deveria ser limitada e, em última análise, o Departamento de Educação federal deveria ser eliminado", escreve Burke. Grupos conservadores em nível local costumam atacar o departamento por supostamente dominar os currículos de todo o país, o que não é verdade: ele é, acima de tudo, uma fonte de financiamento para sistemas de educação estaduais e locais. Ao condicionar esses recursos, no entanto, o governo federal consegue exigir que certos padrões e regras sejam cumpridos.

Burke fecharia o departamento e eliminaria os vínculos, porém mantendo o fluxo de dinheiro. "Os recursos existentes seriam enviados para estados como subsídios sobre os quais eles têm controle total, permitindo que usem recursos federais para quaisquer finalidades educacionais que estejam em conformidade com a lei estadual", escreve ela. Isso provavelmente significaria vastas disparidades na escolaridade entre estados conservadores e progressistas. Os últimos poderiam manter seus sistemas mais ou menos como estão. Já os con-

---

* Modelo de escola pública que adota a lógica da gestão privada. (N. T.)

servadores poderiam transferir a tarefa de educar para grupos religiosos ou outras organizações sem fins lucrativos, e submeter os alunos à doutrina religiosa, à história revisionista que minimiza o racismo e outras partes negativas da história dos Estados Unidos e do mundo, e ao ceticismo em relação à mudança climática e à evolução.

Mas os argumentos de Lindsey Burke logo se tornam confusos e contraditórios. Por exemplo, ela observa que ultimamente as notas de provas nos Estados Unidos têm sido baixas e tendem a piorar (embora quedas recentes estejam claramente relacionadas aos transtornos causados pela covid-19).[15] Mas, levando em conta que autoridades locais têm controle sobre ensino e currículo, por que se deveria esperar que, se tivessem mais controle, os resultados melhorassem?

A propósito, por que os contribuintes federais deveriam enviar imensas somas para estados sem ter qualquer controle sobre a maneira como seriam gastas? Burke entende que isso é imprudência em outros contextos, como quando ela reclama que subsídios para programas de "estudos de área" de culturas e regiões em faculdades e universidades deveriam acabar, pois "às vezes financiam programas que contrariam interesses [americanos]". A maior diferença parece ser qual conjunto de políticas lhe é mais favorável.

Em outras áreas, Burke cortaria a ajuda financeira federal. Há muito tempo o governo federal garante empréstimos estudantis, mas desde 2010 os oferece diretamente a indivíduos.[16] O Projeto 2025 propõe fazer voltar os empréstimos para o setor privado, embora as concessões estudantis predatórias do setor privado tenham sido um grande problema. O programa Perdão de Empréstimos para Serviços Públicos, que permite às pessoas quitarem empréstimos em troca de serviços para o governo, seria encerrado. As medidas do governo Biden para perdoar dívidas estudantis, que eliminaram 180 bilhões de dólares em dívidas para quase 5 milhões de americanos, seriam rescindidas.[17] O governo federal teria bem menos envolvimento em educação depois do ensino médio, mas Burke argumenta que a política federal deveria incentivar alternativas como estágios, escolas técnicas e academias militares.

Saúde

Há anos os conservadores vêm exigindo a revogação da Lei de Cuidados Acessíveis, mas o apoio público a suas disposições torna politicamente tóxica a revogação pura e simples. Em vez disso, o Projeto 2025 eliminaria trechos da lei, como parte de um esforço mais amplo para privatizar o Medicare, reduzir substancialmente o Medicaid e limitar proteções federais para os pacientes. Roger Severino escreve:

> O falido sistema de seguros dos Estados Unidos, administrado em grande parte por confusas redes de provedores e pagadores terceirizados (empregadores), induz ao consumo excessivo dos serviços de saúde, limita as opções para o consumidor e oculta os custos reais dos pacientes.

É uma frase que poderia ter sido escrita pelo senador Bernie Sanders, mas as soluções oferecidas pelo Projeto 2025 são, como seria de esperar, bem diferentes.

O Projeto 2025 incentivaria o uso de atenção primária direta, um modelo de assinatura para assistência médica que elimina totalmente o seguro, sob a Lei de Cuidados Acessíveis, além de permitir que pessoas que buscam prestadores de serviços mais baratos economizem nos custos. "No sistema tradicional de seguros, pacientes que escolhem assistência médica de menor custo acabam não se beneficiando financeiramente dessa escolha", escreve Severino, mas ao fazer isso os pacientes podem acabar não recebendo a assistência médica adequada. Além disso, ele quer separar o seguro subsidiado da Lei de Cuidados Acessíveis do mercado de seguros não subsidiado, reduzindo as regulamentações sobre esse mercado. Juntas, essas mudanças aproximariam a assistência médica do mundo pré-Lei de Cuidados Acessíveis, no qual o maior incentivo às pessoas consistia em evitar, se possível, despesas com saúde, mesmo que os resultados fossem gastos mais altos, ou coisa pior, quando finalmente buscassem atendimento médico.

Severino privatizaria substancialmente o Medicare, o plano de saúde para pessoas a partir dos sessenta anos, ao tornar o Medicare Advantage a opção padrão. Esse programa permite que os inscritos escolham entre um conjunto de planos de seguro privados, pelo qual o governo então paga; mais ou menos metade dos americanos com direito ao Medicare usa o Medicare Advantage. Como outros planos de saúde privados, ele tem vantagens, como oferecer planos oftalmológicos e/ou odontológicos e menores custos diretos, e desvantagens, como redes limitadas e benefícios negados. Embora um dos objetivos declarados do Projeto 2025 seja "garantir a sustentabilidade e o valor para beneficiários e contribuintes", o Medicare Advantage na verdade custa mais caro aos contribuintes por pessoa inscrita do que o Medicare tradicional, e a própria comissão de supervisão do governo diz que não consegue determinar se os usuários de fato estão recebendo assistência melhor.[18]

O Projeto 2025 também descreve cortes no Medicaid, o plano do governo para pessoas de baixa renda. Tendo declarado falido o sistema existente, Severino anuncia que os beneficiários do Medicaid têm a sua parcela de responsabilidade: eles "deveriam ter a liberdade de escolher seus planos de saúde e também a responsabilidade de contribuir com seus custos de assistência médica num nível apropriado para proteger o contribuinte". Severino acrescentaria requisitos de trabalho e ajustaria os benefícios às necessidades, além de estabelecer limites de tempo e de uso quanto ao que a pessoa pode receber durante a vida, "para desestimular a dependência permanente". Tentaria, ainda, reduzir os custos gerais enviando aos estados subsídios em bloco ou impondo limites de gastos. Ele não calcula os efeitos orçamentários de nada disso, mas o resultado óbvio seria reduzir os benefícios, quem sabe drasticamente.

Veteranos que recebem assistência governamental para despesas com saúde passariam por mudanças parecidas. Escrevendo sobre o Departamento para Assuntos de Veteranos, Brooks D. Tucker registra "uma significativa mudança geracional em sua população de pacientes" num futuro próximo. Na expectativa de lidar com um conjunto de usuários mais velhos e mais caros, ele tornaria mais difícil o processo de qualificação de veteranos para obter benefícios por invalidez, e tentaria encaminhar mais usuários para o Community Care

Networks, uma alternativa às instalações do Departamento para Assuntos de Veteranos que na prática privatiza partes do sistema.[19]

A covid-19 ainda lança sombras sobre a abordagem do Projeto 2025 para a saúde pública. "O aparelho de saúde pública do governo federal perdeu a confiança do público", escreve Severino. "Antes da próxima emergência nacional de saúde pública, esse aparelho precisa ser fundamentalmente reestruturado, para garantir uma resposta transparente, cientificamente fundamentada e mais ágil, eficiente, transparente [sic] e direcionada." (Severino desconfia que a "pesquisa sobre ganho de função dos vírus financiada pelo NIH [...] pode ter sido responsável pela covid-19".)

A preocupação com a confiança pública é prudente, mas a questão é saber aonde ela leva. O Projeto 2025 dividiria os Centros de Controle e Prevenção de Doenças em duas entidades diferentes: uma delas seria um centro de coleta e distribuição de dados epidemiológicos e a outra ficaria encarregada de elaborar recomendações e políticas de saúde pública, que ele chama de "função inescapavelmente política". Seu exemplo dos tipos de escolha e concessão necessárias em decisões de saúde pública é inevitavelmente lembrar o quanto a covid afetou as comemorações da Páscoa de 2020: "Até que ponto é justificável reduzir riscos fechando as igrejas no dia mais sagrado do calendário cristão?". Ele restringiria também a autoridade do HHS para declarar emergências de saúde pública sem prazo determinado. Essas mudanças atenderiam melhor aos objetivos culturais do Projeto 2025, mas não é óbvio que produzam mais confiança ou melhores resultados na saúde.

Algumas sugestões do Projeto 2025 parecem sensatas. Severino se preocupa com as relações excessivamente estreitas entre as agências de saúde pública e empresas farmacêuticas, donos de hospitais e companhias de seguro que elas regulam. Ele critica os conflitos de interesses na FDA e no NIH, e defende um período de "moratória" de até quinze anos, antes que os reguladores federais possam trabalhar para as empresas que regulamentavam. (Se essa reforma não garantir também bons salários para os reguladores, há o risco de uma "fuga de cérebros" das agências federais.)

Severino facilitaria a chegada de medicamentos genéricos ao mercado, mas também eliminaria novos poderes federais para negociar preços de medicamentos para pacientes do Medicare. Suas recomendações para resolver a crise crescente de acesso a provedores de saúde em áreas rurais decepcionam pelo caráter vago e banal: "Reduzir a carga regulatória e liberar a inovação que pode encontrar soluções para necessidades locais únicas". Em outras partes, o Projeto 2025 busca eliminar totalmente as bem conhecidas diretrizes alimentares que o HHS e o Departamento de Agricultura publicam.

Raça

A identidade de gênero pode ser o maior bicho-papão do Projeto 2025, mas os esforços por diversidade, equidade e inclusão voltados para raça são uma obsessão também. Os autores propõem uma série de ideias que reverteriam os esforços federais, tanto novos como de longa data, de combate à discriminação racial. Para tanto, haveria dois caminhos principais:

livrar-se de programas de diversidade, equidade e inclusão no Poder Executivo e converter escritórios do governo federal criados para combater a discriminação racial em centros de aplicação da ideologia de direita.

A Comissão de Igualdade de Oportunidades de Emprego deixaria de priorizar o combate à discriminação racial e "reorientaria suas prioridades de execução para alegações de falhas em acomodar deficiência, religião e gravidez (mas não aborto)". O governo faria lobby no Congresso para proibir a comissão de coletar quaisquer dados sobre raça no emprego para empregadores públicos ou privados, consequentemente tornando invisíveis as disparidades ou a discriminação no local de trabalho. Na verdade, o Projeto 2025 sustenta que "as disparidades, por si mesmas, não implicam (nem deveriam implicar, do ponto de vista legal) discriminação". A comissão deixaria claro que sua orientação tem caráter puramente recomendatório, não sendo uma regulamentação vinculativa, e deixaria de fazer acordos legais (chamados "decretos de consentimento") que imponham seu cumprimento.

O objetivo político do Departamento de Educação no sentido de "salvaguardar direitos civis" envolveria impor uma "compreensão adequada" de "ideologia de gênero" e raça, o que, na prática, significaria promover normas tradicionais de base religiosa. O departamento apoiaria proibições à Teoria Crítica da Raça, mas como essa é uma teoria acadêmica complexa isso provavelmente equivaleria a barrar uma grande variedade de discussões sobre raça e discriminação nas escolas, o que ocorre quando essas proibições são aprovadas em nível estadual.

Numa ironia nefasta, o Departamento de Justiça usaria sua Divisão de Direitos Civis como ferramenta de guerra política para atacar políticas de diversidade, equidade e inclusão, processando qualquer entidade que as utilize, sob a acusação de estarem cometendo discriminação. O Departamento de Justiça desviaria a aplicação da lei eleitoral do seu foco histórico na prevenção da discriminação racial na votação para, em vez disso, dar ênfase ao ilusório problema da fraude eleitoral proposto por Trump e seus aliados.

As ideias nessa seção, em particular, constituem grandes prioridades para o presidente Trump em seu segundo mandato. Quando ele voltou à Casa Branca em janeiro de 2025, muitas das providências que tomou de imediato destinavam-se a atacar programas de diversidade, equidade e inclusão no governo federal, quase sempre seguindo sugestões do Projeto 2025.

Outros direitos

Os conservadores argumentam que historicamente as comunidades locais sabem melhor do que qualquer outra instância como governar a si mesmas, e que o governo federal deveria conceder-lhes ampla liberdade em muitas questões. Essa ideia aparece no Projeto 2025 em relação a questões sobre política educacional e Medicaid, mas o documento também prevê uma imposição radical de poder federal sobre a polícia local.

Na última década, alguns lugares — especialmente cidades e condados de inclinação progressista — elegeram promotores que usaram o cargo para combater a prisão em massa e as disparidades raciais na aplicação da lei; que se recusaram a processar infrações relativas a drogas; ou que estabeleceram "jurisdições-santuário" que não ajudam a aplicar leis federais de imigração.[20] No federalismo americano, sistemas judiciais estaduais e locais são independentes do governo federal, e promotores têm ampla autoridade para escolher os crimes que vão processar, uma vez que não podem mover ações contra todos os delitos cometidos em suas jurisdições. Mas o Projeto 2025 propõe usar o Departamento de Justiça para processar as autoridades locais que se recusarem a acusar pessoas por infringirem certas leis.

A lei federal proíbe a maconha, mas, como alguns estados legalizaram o uso da cannabis, os governos Obama e Trump geralmente não se deram ao trabalho de processar quem violasse as leis federais nesse caso. O Projeto 2025 intensificaria a repressão, com o Departamento de Justiça "processando rigorosamente o máximo possível de atividades interestaduais de tráfico de drogas, incluindo a simples posse de quantidades distribuíveis".

Também acabaria com todo o financiamento federal para a Corporation for Public Broadcasting, que financia a NPR e a rede de televisão PBS [Public Broadcasting Service]. Escreve Mike Gonzalez:

> O governo federal não só tem uma dívida de trilhões de dólares e é incapaz de arcar com mais de meio bilhão de dólares desperdiçados anualmente em opiniões esquerdistas, como também não deveria obrigar a metade conservadora do país a pagar pela supressão dos seus próprios pontos de vista.

A única prova que Gonzalez oferece de viés na cobertura jornalística, no entanto, são as pesquisas de opinião sobre as perspectivas políticas de consumidores da NPR e da PBS. Ele não se limitaria a cortar fundos: revogaria também os privilégios concedidos às emissoras sob a lei federal de incentivo das estações educativas não comerciais.

Com um pouco de imaginação, dá para vislumbrarmos como seria viver nos Estados Unidos onde, como quer Kevin Roberts, somos livres para fazer o que devemos — ou melhor, o que Roberts e coautores acham que devemos. É um país declaradamente cristão, mas que segue uma linha muito específica, estreita e moderna do cristianismo. Em muitos aspectos, lembra os anos 1950. Enquanto pais trabalham, mães ficam em casa com famílias maiores; isso é uma sorte, uma vez que não existe TV educativa para as crianças assistirem. Na escola, elas aprendem valores e lições antiquados. O aborto é ilegal, as vacinas são voluntárias e o Estado se envolve minimamente em assistência médica. O governo é lento para policiar a discriminação racial, a não ser em suas expressões mais flagrantes. Pessoas trans e gays existem — sempre existiram —, mas são incentivadas a permanecer no armário. É uma visão que sugere que Reagan estava certo: liberdade é realmente uma coisa frágil.

2. Imigração e segurança nas fronteiras

Nenhuma questão definiu tanto a carreira política de Donald Trump, ou empolgou seus eleitores, quanto a segurança nas fronteiras. Desde que apareceu como candidato presidencial em 2015, ele vem demonizando imigrantes (quase sempre em termos francamente racistas) e prometendo impedir que as pessoas entrem nos Estados Unidos — não apenas detendo e deportando imigrantes sem a documentação adequada, mas também reduzindo a entrada legal no país.[1]

A imigração foi o tema central da primeira campanha de Trump para presidente, e ele costumava sugerir que a fronteira poderia ser facilmente fechada por um líder com força de vontade suficiente. Uma vez no cargo, percebeu que era mais difícil. Seu governo foi atormentado por batalhas entre linhas-duras anti-imigração, como o conselheiro Stephen Miller, e outros assessores que desejavam reduzir a imigração ilegal mas se esforçavam para executar as ordens de Trump sem violar a lei.[2] Durante quatro anos, o presidente tentou uma série de medidas com resultados inconsistentes e variados graus de apoio público — incluindo separar famílias na fronteira e um muro mal construído[3] e ineficaz ao longo da divisa entre México e Estados Unidos.[4] Nada disso interrompeu o fluxo de imigrantes. Trump aumentou as detenções na fronteira, mas deportou menos gente do que Barack Obama.[5]

Só a covid-19 fez grande diferença. No começo de 2020 as viagens globais foram suspensas, e o governo Trump usou a já existente lei de saúde pública chamada Título 42 para fechar de fato grande parte da fronteira.[6] Isso permitiu aos Estados Unidos repelir os que atravessassem as divisas sem lhes dar a chance de pedir asilo, o que qualquer pessoa que chegue ao país tem o direito de fazer nos termos da lei americana e da lei internacional. O Título 42 continuou em vigor até 2023, quando a administração Biden decretou o fim das emergências de saúde pública relacionadas à covid. O governo informou ter impedido a entrada de 2,8 milhões de pessoas sob o Título 42, embora algumas depois talvez tenham tentado cruzar novamente a fronteira.

O Projeto 2025 enfrenta o mesmo desafio básico em termos de imigração que Trump enfrentou no primeiro mandato. O sistema de imigração dos Estados Unidos é, por consenso quase universal, profundamente falho. Desde George W. Bush os presidentes tentam reformulá-lo e estabelecer suas próprias prioridades políticas, mas os maiores problemas estão fora do controle da Casa Branca. Um deles é um sistema de asilo incapaz de lidar com o acúmulo de solicitações por falta de pessoal; outro é a necessidade de uma trajetória para a cidadania que contemple pessoas que já estão no país em situação ilegal mas profundamente integradas nas comunidades e na economia. Só o Congresso pode dar jeito nesses problemas, mas várias tentativas de reforma abrangente da imigração fracassaram, porque nem democratas nem republicanos se dispõem a fazer as concessões necessárias para chegar a um acordo. O governo federal também tem controle limitado sobre os fatores que levam as pessoas a irem para os Estados Unidos, como melhores oportunidades econômicas, turbulência política ou opressão em seus países, além de desastres naturais.

A solução preferida do Projeto 2025, como já vimos, é concentrar no Executivo o máximo de poder possível. Usando as opções propostas no Projeto, o governo Trump poderia reprimir tanto a imigração ilegal como a legal. O plano aumentaria imensamente as deportações de imigrantes não autorizados, recorrendo ainda a outros meios para tornar desagradável a vida de pessoas que estão no país ilegalmente — e punir estados que não cooperassem. Revogaria também o status legal de alguns imigrantes autorizados a viver nos Estados Unidos e impediria mais pessoas de entrarem de forma legal, embora alguns métodos propostos sejam de legalidade e constitucionalidade duvidosas.

Juntas, essas mudanças equivaleriam a uma guinada radical no funcionamento da imigração nos Estados Unidos, tornando muito mais severo e menos hospitaleiro um país famoso por sua população imigrante. O governo Trump parece contar com apoio popular para realizar pelo menos algumas dessas mudanças: é cada vez maior o número de americanos que exigem menos imigração e mais segurança nas fronteiras.[7] No entanto, algumas medidas poderiam prejudicar a economia, e não está claro se ao adotá-las a redução de imigrantes nos Estados Unidos chegaria perto do número exigido por Trump.

Além disso, os eleitores reagiram mal aos terríveis custos humanos de propostas como as do Projeto 2025. Em 2017 e 2018, Trump instituiu uma política que separava crianças e adultos na fronteira. O objetivo explícito era desencorajar as pessoas de tentarem entrar nos Estados Unidos separando-as dos filhos, mas histórias, imagens e gravações de crianças pequenas e bebês tirados dos pais e colocados em instalações precárias e superlotadas chocaram e revoltaram o país. Até os "restricionistas" vacilaram, e Trump teve que revogar a política. Os danos infligidos persistem. Milhares de crianças foram separadas dos pais e assim continuam. As discussões sobre política de imigração podem ser imparciais (como aqui), concentrando-se em estatísticas, sistemas e estatutos, mas a separação de famílias foi um lembrete de que esse assunto envolve, fundamentalmente, seres humanos.

O CAPÍTULO DO PROJETO 2025 sobre o Departamento de Segurança Interna foi escrito por Ken Cuccinelli, que trabalhou no governo Trump e tem uma história pitoresca. Zeloso conservador no plano social e militante anti-LGBTQIAPN+, tentou sem êxito ser governador da Virgínia em 2013. Durante o primeiro mandato de Trump, serviu como diretor interino do Serviço de Cidadania e Imigração dos Estados Unidos e foi secretário-adjunto interino do Departamento de Segurança Interna, embora as duas nomeações depois tenham sido declaradas ilegais.[8]

Cuccinelli começa com uma ideia surpreendente: abolir totalmente o Departamento de Segurança Interna, criando um órgão que supervisione fronteiras e imigração e dispersando outras seções pelo Poder Executivo. O Congresso criou o departamento depois dos ataques do Onze de Setembro, juntando várias entidades frouxamente relacionadas: escritórios relativos a fronteiras e imigração, a Agência Federal de

Gestão de Emergências, a Guarda Costeira e a então recém-criada Administração de Segurança de Transporte. Cuccinelli vê nisso um fracasso: "As diferenças de missão dos vários componentes superaram a tentativa de décadas de funcionar como um departamento, tornando o todo desconjuntado, e não coeso". Ele tem razão, e o mesmo argumento tem sido apresentado em outros lugares, como na revista liberal *The New Republic*.[9]

A grande vantagem, do ponto de vista de Cuccinelli, seria criar um órgão que pudesse se concentrar totalmente em suas prioridades de imigração, sem dispersão. Quanto ao resto, ele privatizaria a Administração de Segurança de Transporte (voltando as coisas mais ou menos ao que eram antes do Onze de Setembro), transferiria a Agência de Segurança Cibernética e de Infraestrutura para o Departamento de Transporte e alocaria a Guarda Costeira sob a Justiça ou a Defesa. Numa escolha sensata, desmontaria o Serviço Secreto dos Estados Unidos. Originalmente formado para combater a falsificação, porém hoje mais conhecido como serviço de proteção do presidente, as missões do Serviço Secreto de fato não estão alinhadas, e o órgão sofreu uma série de falhas constrangedoras e quase catastróficas, como as duas tentativas de assassinato de Trump em 2024.[10] Se o Congresso não abolisse o Departamento de Segurança Interna, no entanto, Cuccinelli juntaria o Serviço de Imigração e Controle Alfandegário e a Alfândega e Proteção de Fronteiras em uma unidade do departamento.

Com ou sem a reorganização, ele quer mais indicações políticas, maior dependência de funcionários interinos até que os permanentes sejam confirmados e, claro, um aumento substancial de verbas para o Departamento de Segurança Interna. "O próximo presidente deveria solicitar um orçamento realista, que pague integralmente esses custos." Um imenso sistema de apreensão de imigrantes não pode ser mantido com recursos escassos.

Um perigoso efeito colateral do foco obsessivo na imigração é que a Agência Federal de Gestão de Emergências [Fema, sigla de Federal Emergency Management Agency] pode ser negligenciada. O desempenho da Fema durante o governo Trump foi irregular, e especialistas em ajuda humanitária criticaram a visão do presidente de que o Departamento de Segurança Interna era exclusivamente uma agência de fronteiras.[11] Cuccinelli deu pouca atenção à Fema em seu capítulo, e quase tudo que incluiu se concentra em diminuir o papel do socorro federal e transferir o ônus para governos estaduais e locais — ideia tola num momento em que o país enfrenta com mais frequência desastres climáticos de grande escala, mas Trump a promoveu em sua primeira semana de volta ao cargo.

A PRIMEIRA GRANDE META quanto à imigração delineada no Projeto 2025 é garantir que um número bem menor de pessoas entre no país, seja legal ou ilegalmente. Cuccinelli imagina um poder tipo Título 42, deflagrado não por uma emergência de saúde pública, mas por uma declaração de "perda de controle operacional da fronteira". Isso permitiria que os Estados Unidos rechaçassem solicitantes de asilo que, de outra forma, teriam o direito legal de requisitá-lo. Ele também quer aumentar o nível de exigência para que o migrante possa alegar medo justificável de perseguição em seu país de origem, e reduzir significativamente os vistos para vítimas de crimes que colaboram com a polícia. Cuccinelli acha que o Serviço de Cidadania e Imigração está interessado demais em conceder autorização para as pessoas entrarem legalmente no país — ele chama o serviço de "agência de fronteiras abertas" — e quer desacelerar o ritmo mediante exame mais rigoroso dos pedidos em busca de fraudes e razões de indeferimento. Mas abriria uma exceção: quer expandir o "processamento premium", pelo qual pessoas dispostas e aptas a pagar mais caro possam furar a fila.

O Projeto 2025 recomenda a convocação de outros órgãos federais para ajudar o Departamento de Segurança Interna ou seu sucessor na área de imigração. O Departamento do Trabalho primeiro limitaria e depois eliminaria o visto H-2A, que permite a entrada de centenas de milhares de trabalhadores agrícolas sazonais com vistos temporários; outro visto temporário para trabalhadores não agrícolas seria igualmente eliminado. O H-1B, para trabalhadores especializados geralmente empregados na indústria de tecnologia, também seria restringido.

O Departamento de Estado ajudaria a fechar as vias de entrada legal nos Estados Unidos. "Em certo sentido, o Departamento de Estado e muitos funcionários seus parecem ver o sistema de imigração dos Estados Unidos não como uma ferramenta para fortalecer o país, mas como um programa global de bem-estar social", reclama Kiron K. Skinner. Ela quer que o Departamento de Estado fiscalize com maior rigor as taxas de visto para cidadãos de países que cobrem taxas de cidadãos norte-americanos, suspenda todos os vistos de cidadãos de países que não aceitem deportados e reduza o número de vistos de estudante para cidadãos de países que não sejam aliados. Como Trump, que reduziu drasticamente a admissão de refugiados em seu primeiro mandato, ela acha que a divisão de refugiados do Departamento de Estado "tem que transferir seus recursos para desafios decorrentes da situação atual da imigração até que a crise possa ser contida", fechando, para todos os efeitos, qualquer rota para refugiados.

As Forças Armadas fariam a sua parte prevenindo a entrada ilegal. Além de utilizar soldados na construção de muros de fronteira e trabalhando nos portos de entrada, Cuccinelli escreve que o próximo governo deveria pôr "pessoal militar na ativa e a Guarda Nacional para ajudar em operações de prisão ao longo das divisas — coisa que ainda não foi feita". E não foi feita porque há um entendimento consensual de que a Lei Posse Comitatus, de 1878, proíbe o uso das Forças Armadas na aplicação da lei dentro do país.[12] Trump enviou soldados da ativa para a fronteira no seu primeiro mandato, mas por causa dessas restrições eles acabaram meio que só ficando por lá à toa. No entanto, o Pentágono anunciou planos em janeiro de 2025 para posicionar 5 mil soldados da tropa de combate na fronteira.

O mentor do Projeto 2025, Russell Vought, afirmou, em outro lugar, que a travessia de fronteiras constitui "invasão", o que poderia justificar, do ponto de vista legal, o emprego das Forças Armadas: "É aqui que precisamos ser radicais para descartar ou repensar os paradigmas legais que restringem a nossa capacidade de voltar à Constituição original".[13] Em outras palavras, ignorar as leis que sejam inconvenientes. Cuccinelli também quer encontrar maneiras de permitir a aplicação das leis de imigração por parte de agências policiais locais, o que em geral lhes é vedado por uma decisão de 2012 da Suprema Corte.

Uma coisa que o novo governo não pode fazer é retomar a separação de famílias. Um arranjo de 2023 entre o governo federal e a União Americana pelas Liberdades Civis impede a separação de famílias pelos próximos oito anos.[14]

E, enquanto tentasse fechar a fronteira, o Departamento de Segurança Interna estaria trabalhando para deportar o maior número possível de pessoas que já estão no país. Uma medida inicial seria remover o Status de Proteção Temporária, pelo qual o secretário de Segurança Interna assegura o direito de viver e trabalhar nos Estados Unidos a pessoas de outros países que estejam passando por situações de guerra, desastre natural e outras calamidades. Trump começou a fazer isso em fevereiro de 2025. De acordo com a Brookings Institution, em dezembro de 2024 havia cerca de 850 mil pessoas cobertas por esse status nos Estados Unidos.[15] Administrações presidenciais já usaram um poder chamado "parole" para permitir que pessoas entrem nos Estados Unidos por "razões humanitárias urgentes ou significativo benefício público". Biden, por exemplo, tentou utilizar o parole para permitir que não cidadãos casados com americanos permanecessem nos Estados Unidos. Cuccinelli quer que o Congresso limite o seu uso.

Governos recentes em geral deram prioridade a crimes mais sérios, optando, ao mesmo tempo, por não processar todos os casos possíveis, mas Cuccinelli empregaria muito mais recursos na aplicação da lei. O Departamento de Justiça instruiria procuradores americanos a concentrar-se em infrações relacionadas a imigração. O Serviço de Cidadania e Imigração cuidaria de casos de cidadãos naturalizados cuja cidadania pudesse ser legalmente revogada em virtude de fraude. Todos os funcionários do Departamento de Segurança Interna com autoridade para aplicar a lei seriam despachados dos escritórios para campo.

Várias mudanças de procedimento resultariam em mais imigrantes detidos, mantidos em detenção ou sumariamente deportados. A "remoção acelerada" permite que agentes da imigração expulsem pessoas sem audiências, mas no momento ela só é usada num raio de 160 quilômetros da fronteira, recomendação que Cuccinelli revogaria. Isso criaria o risco de residentes legais — e até cidadãos — serem deportados sem o devido processo jurídico para contestar sua remoção. Também bloquearia o uso do *administrative closure*, um processo que retira as audiências de imigração da programação judicial por tempo indeterminado e muitas vezes permanentemente. As diretrizes atuais também impedem que agentes do Serviço de Imigração e Controle Alfandegário prendam pessoas em locais sensíveis, como escolas, hospitais, igrejas ou reuniões como funerais, mas Cuccinelli eliminaria essas restrições. O segundo governo Trump baixou ordens ampliando a remoção acelerada e revogando a diretriz sobre locais sensíveis, logo que assumiu o cargo.

Muitos imigrantes detidos nos Estados Unidos têm direito a pagar fiança para permanecer em liberdade no país, uma vez que o governo dispõe de espaço limitado para detenções e há um enorme acúmulo de processos. Cuccinelli limitaria o uso da fiança e pediria ao Congresso para financiar a construção de imensas instalações de detenção e mais agentes de deportação para lidar com pessoas sob custódia.

Mesmo sem de fato deportar pessoas, o governo federal poderia tomar uma série de medidas para tornar os Estados Unidos menos hospitaleiros para imigrantes não autorizados. O governo mantém um sistema chamado E-Verify para checar se as pessoas estão legalmente autorizadas a trabalhar nos Estados Unidos, mas ele é opcional para empresas privadas, exceto as que têm contratos com o governo, sob a lei federal. Cuccinelli quer que o Congresso torne o sistema compulsório, o que dificultaria a busca de emprego para imigrantes não autorizados.

Embora tradicionalmente os conservadores tenham preferido o controle local de muitas políticas, o Projeto 2025 propõe mais poder federal sobre governos estaduais e locais. Muitas agências de aplicação da lei se recusaram a cooperar com o Serviço de Imigração e Controle de Aduanas por pressão dos eleitores, preocupações com abusos e pelos custos, mas Gene Hamilton recomenda condicionar 7 bilhões de dólares em subsídios do Departamento de Justiça para agências locais à cooperação delas com o Departamento de Segurança Interna. Cuccinelli condicionaria parte do financiamento da Fema à aplicação das leis de imigração. Pediria que o Departamento de Educação cortasse qualquer acesso a empréstimos federais em estados nos quais imigrantes não autorizados têm direito a pagar mensalidades mais baixas em faculdades públicas como se fossem residentes desses estados.

Combinadas, essas medidas podem produzir uma queda abrupta na quantidade de imigrantes não autorizados no país, mas Cuccinelli não calcula esse número. Trump prometeu deportar 20 milhões de pessoas que estão no país de maneira ilegal, mas isso provavelmente é impossível: os melhores dados sugerem que não existem 20 milhões de imigrantes não autorizados nos Estados Unidos.[16]

No primeiro mandato de Trump, as objeções mais fortes à sua política de imigração não eram processuais, mas morais. Além de separar famílias, o alvo de Trump eram refugiados, solicitantes de asilo e outras pessoas vulneráveis. Adam Serwer, no *Atlantic*, assim descreveu essas medidas: "O objetivo é a crueldade".[17]

Num segundo mandato, muitas objeções morais permanecem, mas as ideias que Trump propôs durante a campanha e as que estão no Projeto 2025 levantam a possibilidade de que ele seja forçado a escolher entre sua política de imigração e sua política econômica. Trump prometeu baixar a inflação, mas uma deportação em massa prejudicaria setores da economia americana que dependem de imigrantes, como o da agricultura e o da construção, elevando ainda mais os custos. Oren Cass, conselheiro político que colaborou no Projeto 2025, sustenta que a necessidade de mão de obra imigrante não é tão grande quanto se diz, mas, mesmo assim, o efeito de curto prazo da deportação em massa seria um dano econômico.[18] Um bom exemplo é Springfield, Ohio, a cidade cuja população haitiana Trump difamou de modo infundado durante a campanha eleitoral de 2024. Como líderes e moradores de Springfield ressaltaram, um fluxo constante de haitianos revitalizou os rumos de uma cidade industrial em declínio. Expulsá-los faria a situação voltar.[19]

A deportação em massa quase nunca foi tentada na história dos Estados Unidos, e o único exemplo de destaque serve como advertência. Em 1954, o governo Eisenhower deflagrou uma imensa operação de detenção de imigrantes mexicanos na fronteira, apreendendo mais de 1 milhão de pessoas, segundo divulgou.[20] O programa foi um horror: cidadãos americanos foram detidos nas batidas policiais, os deportados foram largados em condições desumanas e muita gente morreu. (Para piorar as coisas, a deportação recebeu o nome de "Operação Wetback", um insulto racista.*) Foi também um fracasso político. As travessias ilegais da fronteira diminuíram — mas sobretudo porque, em resposta a demandas dos empregadores, o governo criou uma via para os trabalhadores entrarem legalmente.

---

* *Wetback*: literalmente, "costas molhadas", termo ofensivo que tem por referência mexicanos que entraram ilegalmente, a nado, nos Estados Unidos. (N. T.)

3. Economia e comércio

As MAIORES DIVISÕES DENTRO da direita americana hoje dizem respeito a como administrar a economia — ou se ela deve ser administrada de alguma forma. Durante décadas, os conservadores deram preferência à política econômica do laissez-faire: impostos baixos, pouca regulamentação, Estado mínimo e livre comércio. Isso fazia parte do DNA da própria Heritage Foundation. O presidente Ronald Reagan defendia a "economia do lado da oferta", argumentando que ajudar as grandes empresas e pessoas com altos rendimentos melhoraria a economia em sua totalidade; os detratores a chamavam de "economia do gotejamento" [*trickle-down economics*], alegando que o que chegava à maioria das pessoas era muito pouco.

Mas Donald Trump desafiou algumas dessas opiniões herdadas, como parte da sua abordagem mais populista da política. Há muito tempo ele é contra o livre comércio e defende maior protecionismo. Como presidente impôs tarifas e, como candidato em 2024, prometeu mais e maiores tarifas. Além disso, opunha-se a reduções da Previdência Social e do Medicare, alvos tradicionais de cortes orçamentários dos conservadores, e presidiu um enorme aumento do déficit. Pelo menos da boca para fora, Trump adotou uma atitude mais amigável para com os trabalhadores da classe operária e o sindicalismo.

A tensão entre essas duas escolas é evidente na discussão de questões econômicas do Projeto 2025: há um debate literal sobre essas questões no interior do próprio documento, revelando as fissuras da coalizão de Trump como em nenhuma outra parte do programa. Embora a Heritage se gabe de que seus empregados "sempre defendem publicamente uma opinião única, unificada" sobre qualquer questão, aqui muitas exceções são abertas. Os organizadores incluem artigos contraditórios defendendo o protecionismo (de Peter Navarro, conselheiro de Trump) e o livre comércio (do chefe de um centro de estudos a favor do livre mercado), e outros dois argumentando a favor e contra o Export-Import Bank, agência que incentiva as exportações americanas. Um capítulo sobre o Departamento do Trabalho inclui cautelosamente opiniões divergentes acerca de suas conclusões sobre assuntos controvertidos.

Essas disputas são mais do que acadêmicas. Trump ganhou a eleição de 2024 com base, principalmente, em questões econômicas. Prometeu conter a inflação, empregar mais cidadãos deportando imigrantes e impor tarifas altíssimas. O Projeto 2025 discute essas questões exaustivamente, mas não chega a conclusões claras sobre nenhuma delas.

Outra área de discordâncias sérias no interior do Trumpworld é o tratamento a ser dado às grandes empresas de tecnologia. Após anos de duras críticas da nova direita, as Big Techs recentemente se aproximaram do próprio Trump.[1] O Projeto 2025 geralmente apoia uma linha dura contra as grandes empresas de tecnologia, apesar de incentivar uma regulamentação mais branda das criptomoedas.

Em outras partes, os autores defendem uma *détente* (mas não uma aliança) com o sindicalismo, reduções em programas contra a pobreza, cortes severos no imposto de renda de pessoas jurídicas e físicas e menos regulamentação financeira — incluindo, talvez, o fim do Federal Reserve. Significativamente, embora a inflação tenha sido uma questão crucial para a presidência de Biden, o Projeto 2025 apresenta poucas respostas concretas sobre como um presidente conservador deveria reduzi-la. Outra coisa que prima pela ausência é um endosso da alegação de Trump de que a imigração causa sérios prejuízos aos trabalhadores americanos. Juntos, esses capítulos sugerem que o populismo da direita MAGA não é tão vazio como alguns críticos liberais alegam, mas também não é tão sério ou concreto como seus defensores sustentam.

Tributação e gastos

Economias fazem e destroem presidentes, ainda que os presidentes tenham pouquíssimo controle sobre elas. As ferramentas mais simples à disposição de qualquer governo são, no entanto, os gastos e a tributação.

"O orçamento deveria ser equilibrado reduzindo-se os gastos federais, mantendo-se uma defesa nacional forte, e não aumentando impostos", escrevem os autores de um capítulo sobre o Tesouro. Isso é impossível sem imensas reduções nos gastos federais, mas o Projeto 2025 não especifica nenhum grande corte nos gastos, especialmente para categorias enormes, como Previdência Social e Medicare. É impossível avaliar as implicações orçamentárias do Projeto 2025 em sua totalidade, porque poucas seções atribuem valores em dólares às suas ideias. Como assinalo em outra parte deste livro, os autores de muitas seções defendem grandes aumentos de gastos para seus próprios departamentos; uns poucos sugerem cortes.

Talvez os autores estejam tão cansados de ver tentativas conservadoras de enfraquecer os direitos fracassarem — incluindo a tentativa de George W. Bush de privatizar parcialmente a Previdência Social e a proposta do ex-presidente da Câmara Paul Ryan de cortar o Medicare — que hesitam em sugerir cortes, mesmo sem as promessas de Trump de proteger os dois programas. Eles acusam esses sistemas de serem os "principais responsáveis pela nossa dívida nacional de 31 trilhões de dólares", acrescentando que, "em sua essência, o nosso problema de déficit é um problema do Medicare e do Medicaid". Mesmo assim, sugerem cortes progressivos, em vez de mudanças abrangentes. (Como comentei na Seção 1, uma estimativa projeta que as propostas de campanha de Trump acrescentariam 7,75 trilhões de dólares ao déficit.)

Onde os autores sugerem grandes mudanças é na tributação americana. Eles simplificariam o sistema de imposto de renda, reduzindo as faixas de sete para apenas duas, e eliminariam a maioria das deduções e outras isenções; tributariam os ganhos de capital e os dividendos em 15%; e reduziriam o imposto de renda de pessoa jurídica de 21% para 18%. Embora o impacto sobre cada contribuinte varie, o efeito mais óbvio seria um imenso corte de impostos para os ricos e para as corporações de alta renda.

Esse é apenas o primeiro passo, no entanto. A longo prazo, eles propõem a mudança para um imposto sobre consumo, às vezes conhecido como imposto fixo. De há muito um objetivo de conservadores, esse imposto muda o foco do que alguém ganha para o que alguém gasta, tributando o que consome.

"Um imposto sobre o consumo minimizaria as distorções do governo nas decisões econômicas privadas e seria, portanto, a maneira menos danosa economicamente de aumentar as receitas fiscais federais", escrevem eles. Os economistas esboçaram vários tipos diferentes de imposto sobre o consumo, e os autores do Projeto 2025 não se comprometem com nenhum modelo, porém o mais fácil de compreender seria um imposto nacional sobre vendas, de preferência sem isenção alguma.

O imposto único sobre consumo promete simplicidade e elimina o complicado sistema de deduções e faixas do atual código tributário. Mas seria também muito mais regressivo. Para quem ganha muito, um imposto sobre o consumo é mais atraente do que o sistema atual, que produz impostos mais altos para pessoas que ganham mais dinheiro, independentemente de quanto gastam. Para quem ganha pouco, no entanto, geralmente sai mais caro do que o sistema existente, porque quanto mais pobre é a pessoa, maior é a parcela da sua renda que ela tem que gastar com as necessidades básicas.

Comércio

Trump acredita que a política comercial pode ter uma influência tão forte na economia quanto a tributação e os gastos. Ele reacendeu na direita o apoio às tarifas, mas, apesar de muitas outras partes do movimento conservador terem adotado o trumpismo, ou a ele se rendido, os tradicionalistas do livre mercado continuam abertamente céticos quanto às ideias de Trump.

Muitas das alegações do presidente sobre o comércio não fazem o menor sentido. As tarifas representam um imposto adicional sobre bens importados, sendo pagas, portanto, não pelo país produtor, mas pelo país consumidor — neste caso, os americanos. Os comerciantes podem absorver os custos ou repassá-los aos consumidores, o que, por sua vez, talvez desestimule a compra de produtos importados. Trump, no entanto, alega repetidamente que os outros países é que pagam as tarifas impostas pelos Estados Unidos.[2] Isso não é verdade, independentemente de quaisquer outros benefícios trazidos pela cobrança de tarifas. O protecionismo pode ser politicamente eficaz, no entanto. Um estudo acadêmico de 2024 revelou que o interior dos Estados Unidos arcou com o peso econômico da guerra comercial, porém ficou mais propenso a associar-se a Trump e ao Partido Republicano.[3]

O único colaborador do Projeto 2025 disposto a defender as tarifas sem hesitações é Peter Navarro. Economista com pontos de vista políticos heterodoxos, ele tem uma antiga fixação com déficits comerciais — por exemplo, os Estados Unidos importam mais bens da China do que exportam para lá. Isso levou Navarro para a órbita de Trump, uma vez que dava certa credibilidade intelectual aos reflexos protecionistas do presidente. (Uma vez na Casa Branca, Navarro não se limitou à economia. Desentendeu-se publicamente com médicos responsáveis pela resposta do governo à covid-19 e alegou, sem provas, que a hidroxicloroquina era um remédio para o vírus.[4] Mais tarde, envolveu-se nas tentativas de Trump de fraudar a eleição de 2020 e ficou quatro meses preso por se recusar a colaborar com investigadores do Congresso.)[5]

A argumentação de Navarro a favor das tarifas é, na verdade, uma argumentação contra a China. Em vez de alegar que as tarifas são desejáveis por si mesmas, ele escreve que o protecionismo de outros países exige reciprocidade. E sustenta que supostas regras de livre comércio na verdade prejudicaram os Estados Unidos. Pelos acordos da Organização Mundial do Comércio, outros países podem impor tarifas a bens americanos desde que imponham as mesmas tarifas a bens de outros países. "O resultado prático tem sido uma exploração sistemática de agricultores, pecuaristas, industriais e trabalhadores americanos", escreve ele. Navarro quer todos os produtos chineses submetidos a tarifas tão altas que impeçam os americanos de comprar qualquer coisa *made in China*. Além disso, usaria incentivos financeiros para convencer empresas americanas a trazerem de volta para os Estados Unidos fábricas transferidas para a China.

Uma grande falha dessa argumentação é que Trump tentou uma guerra comercial com a China em seu primeiro mandato mas não conseguiu reduzir o déficit comercial.[6] Os praticantes do livre comércio que colaboraram no Projeto 2025 veem outros problemas. A economista Veronique de Rugy rejeita com veemência, para começo de conversa, a ideia de que os déficits comerciais são ruins. "Como os economistas do comércio sabem, as exportações são um custo para a economia: elas tiram do PIB. Já as importações, diferentemente, aumentam o PIB", escreve ela. "Se os Estados Unidos pudessem adquirir todos os bens que importam atualmente sem exportar nada em troca seria o melhor de todos os mundos."

Kent Lassman, que encabeça o Competitive Enterprise Institute, pró-laissez-faire, rechaça diretamente as alegações econômicas de Trump e afirma que no geral a globalização ajudou os Estados Unidos. "Os dados não mostram uma carnificina econômica americana", escreve ele, adaptando uma frase memorável do primeiro discurso de posse de Trump. "Mostram mais de dois séculos de crescimento intensivo." Ele analisa a história recente e afirma que Navarro quer insistir no fracasso:

> Estamos há cinco anos no maior experimento com tarifas desde a Grande Depressão, e os resultados estão aí: as novas tarifas elevam os preços ao consumidor para os americanos comuns em cerca de 1200 dólares por família todos os anos, e beneficiam apenas um pequeno número de grupos com interesses especiais.

Lassman afirma que os Estados Unidos deveriam, na verdade, ter uma estratégia flexível e mutável para fazer face à China economicamente, e teme que um desacoplamento total de Pequim venha a tornar a China menos previsível e mais perigosa, contudo reconhece: "É mais difícil de vender politicamente essa proposta do que a retórica das lamentações simplistas e barulhentas".

Big Tech

O Projeto 2025 é hostil às grandes empresas de tecnologia. Esse setor tornou-se parte dominante da economia americana, mas os conservadores o atacam por trabalhar na e com a China; por remover conteúdo político tido como ofensivo ou falso, inclusive algumas das alegações mais inflamatórias de Trump; e por ter um alinhamento político geralmente progressista. Os republicanos do Congresso acusam as empresas de tecnologia de "censura", especialmente depois que o Twitter e o Facebook limitaram a disseminação de uma história sobre o laptop de Hunter Biden, com receio de que pudesse ser desinformação. (Não era.)

Mais recentemente, surgiram sinais de reaproximação entre o Vale do Silício e Mar-a-Lago. Elon Musk comprou o Twitter, que renomeou como X, e o transformou num pântano de racismo e teorias conspiratórias de direita; também foi um substancial financiador da campanha de Trump em 2024. Na primeira presidência, Trump jurou que proibiria o TikTok nos Estados Unidos por ser de propriedade chinesa, mas depois de um encontro com Jeff Yass, um investidor da empresa-mãe do TikTok e doador ao Partido Republicano, passou a defender o app.[7] Outros CEOs de empresas de tecnologia começaram a entrar na linha, rompendo compromissos progressistas anteriores e aderindo a Trump. Jeff Bezos, da Amazon, impediu o *Washington Post*, que lhe pertence, de endossar Kamala Harris para presidente, e um desfile de altos executivos, incluindo Tim Cook, da Apple, e Mark Zuckerberg, da Meta, fizeram doações de campanha e compareceram à cerimônia de posse. Mas o Projeto 2025 foi concluído antes dessa reconciliação.

Um argumento central do Projeto 2025 é que o TikTok representa um perigo para a segurança nacional americana e deveria ser proibido; outros aplicativos também, como o app de rede social WeChat. Os autores têm em mente medidas menos drásticas para as plataformas americanas, mas, mesmo assim, querem uma regulamentação mais rigorosa. Brendan Carr, o novo presidente da Comissão Federal de Comunicações [FCC, sigla de Federal Communications Commission], quer que a agência torne mais difícil para as crianças driblar os limites de idade nas plataformas de rede social e que os provedores de tecnologia contribuam para o mesmo fundo de banda larga rural que outras empresas de telecomunicações. A maior parte da atenção é dada, no entanto, ao que Carr chama de "tentativas de expulsar pontos de vista políticos diversos da praça pública digital".

Carr sugere, por exemplo, que a FCC exija que empresas como a Meta tornem seus termos de serviço mais específicos e "as responsabilize" se proibirem postagens que não estejam descritas neles. O maior mecanismo de pressão de que a FCC dispõe é a Seção 230 da chamada Lei de Decência nas Comunicações, de 1996, que diz que as plataformas on-line não são consideradas editoras responsáveis por todos os conteúdos postados. (Por exemplo, um jornal pode ser processado se um colunista cometer difamação, mas o Instagram não é responsável se você difamar alguém na sua conta.) A Seção 230 também estabelece que essas plataformas não podem ser responsabilizadas por esforços de boa-fé para restringir o acesso a material que considerem ofensivo, ainda que esse material seja protegido constitucionalmente. Carr quer que a FCC interprete a lei de forma mais restrita e trabalhe com o Congresso para emendá-la — a rigor dizendo às empresas de tecnologia que, se quiserem remover discursos, vão ter que assumir responsabilidade por seu conteúdo, como as editoras.

Esse tipo de argumento, com acusações de censura direcionadas às empresas de tecnologia, tornou-se lugar-comum tão rapidamente que é fácil deixar de perceber o quanto é radical. Tratamos plataformas feito o X como praças públicas comuns, o que não são: elas são empresas privadas. É fácil ver por que ter empresas controlando tanto discurso é um perigo, mas a melhor maneira de resolver o problema não é tão óbvia assim. A Primeira Emenda à Constituição americana proíbe o governo de restringir a liberdade de expressão, mas alguns argumentos do Projeto 2025 enveredam por uma zona perigosa, na qual o governo obriga empresas privadas a se manifestarem em nome da liberdade de expressão. Dito de outra maneira, tenta-se impedir a censura privada transformando o governo em censor.

Isso pode parecer alarmista, mas de que outra forma interpretar a sugestão de Carr de "oferecer soluções políticas para lidar com a censura de discurso pelas Big Techs"? E ele não está sozinho. Numa passagem perturbadora, Adam Candeub, professor de direito e ex-funcionário de Trump no Departamento de Justiça, abre a porta para punir posições políticas por parte das grandes empresas apenas porque o país está politicamente polarizado. Escreve ele:

> Os bancos ou plataformas de internet, quando recusam clientes com base em suas opiniões políticas ou sociais (como coisa distinta de opiniões religiosas), abrem mão de lucros. Embora essas decisões costumem ser justificadas por motivos de relações públicas, marketing ou branding — e normalmente essas decisões, refletindo julgamento empresarial, merecem ser e são tratadas com deferência —, essa presunção fica mais difícil de sustentar em uns Estados Unidos altamente partidários e ideologicamente divididos.

Candeub afirma que a FCC poderia acusar essas empresas de práticas comerciais desleais, o que equivaleria a dizer-lhes com quem podem fazer negócios.

Talvez o governo Trump nem precise tomar essas medidas draconianas para obter cooperação. O uso de ameaças — seja por parte de Trump durante a campanha ou na Truth Social, seja em fóruns como o Projeto 2025 — ajudou a evitar que as empresas de rede social monitorem a informação ruim e a desinformação e se engajem politicamente de maneira geral. A Meta já eliminou a checagem de fatos e afrouxou as restrições a discursos de ódio em plataformas como Facebook e Instagram, com Zuckerberg citando "as recentes eleições" como motivação. Isso significa que usuários das plataformas de rede social podem contar com um ambiente de informações degradado, com mais material falso e enganoso e com linguagem mais ofensiva e abusiva. A Meta é uma empresa privada, mas está agindo em resposta a ameaças do novo governo, e não a uma demanda generalizada dos usuários. O censor mais eficiente é o medo.

A criptomoeda tornou-se uma causa popular da direita, mas o setor tem sido restringido pela falta de clareza sobre como pode e deve ser regulamentado — em particular quando se trata de mercadoria (comercializada como ouro ou barrigas de porco) ou títulos de valor mobiliário (como ações ou títulos). A resposta determina quais leis se aplicam e quem as aplica. David R. Burton reclama que os reguladores "têm sido atores irresponsáveis na área dos ativos digitais" por não promulgarem regras claras, e sugere que ativos como a Bitcoin sejam tratados como commodities. Isso corresponde à preferência de muitas pessoas no setor de criptomoedas, porque as leis de valores mobiliários são mais rigorosas.[8]

Regulação financeira

Em outros lugares, no entanto, o objetivo é reduzir as regulações sempre que possível. "As leis bancárias nos Estados Unidos pararam nos anos 1930", escrevem os autores. "As leis de valores mobiliários agora são extremamente complexas e não formam um regime regulatório coerente, racional."

O Projeto 2025 fundiria vários órgãos, como a Corporação Federal de Seguro de Depósitos, que garante as contas de poupança e as contas correntes da maioria das pessoas, num só. Isso restringiria a atuação da Rede de Combate a Crimes Financeiros, criada para debelar a lavagem de dinheiro, mas que alguns conservadores consideram invasiva. Os maiores alvos, porém, são as leis aprovadas depois da crise econômica de 2008, que estabeleceram maior supervisão governamental e mais restrições às empresas financeiras.

Em particular, os autores querem que o Congresso revogue seções da Lei Dodd-Frank que ampliaram o conjunto das empresas cobertas pelos reguladores, permitindo que o governo avalie o risco financeiro sistêmico; exigiram divulgação sobre a relação entre o salário de um CEO e o salário médio dos funcionários; e criaram um método para o governo liquidar rapidamente uma empresa financeira em processo de falência. (Os autores também querem se livrar de cláusulas que exigem divulgação sobre minerais de áreas de conflito e segurança nas minas.)

Como muita gente da direita, os autores têm particular desprezo pelo Departamento de Proteção Financeira do Consumidor, outra criação da Lei Dodd-Frank, que visa a defesa dos consumidores contra práticas predatórias em empréstimos de cartão de crédito, empréstimos estudantis e crédito consignado, entre outras áreas. Eles consideram o departamento inconstitucional, "um órgão federal altamente politizado, prejudicial e totalmente irresponsável" e "um mecanismo de extorsão para fornecer financiamento irresponsável a organizações sem fins lucrativos de esquerda, politicamente alinhadas com aqueles que encabeçaram sua criação". (Repetidos processos judiciais contestando sua constitucionalidade enfraqueceram o departamento, mas a lei que o autorizou sobreviveu.)

Juntas, essas medidas dariam mais liberdade para as empresas agirem e talvez lucrarem, mas exporiam os indivíduos a artimanhas como empréstimos escorchantes e tornariam o sistema financeiro do país bem menos transparente — além de criarem o risco de uma repetição da crise de 2008. Fazem eco à mesma desregulamentação que Phil Gramm, velho mentor de Russell Vought, exigiu nos anos 1990 — e que ajudou a criar as condições para a Grande Recessão.[9]

O Projeto 2025 quer ver os reguladores em ação para sufocar o investimento em questões ambientais, sociais e de governança, ou ESG, movimento relativamente novo que busca afastar as empresas de práticas e linhas de negócios que alguns investidores consideram prejudiciais, como os combustíveis fósseis. É difícil exagerar o — ou acreditar no — pânico provocado pelo ESG em partes do Projeto 2025 dedicadas à economia. Candeub teme que "estejamos testemunhando nos mercados de hoje o uso do poder econômico […] para minar as instituições democráticas e a sociedade civil".

Essa é uma inversão significativa da histórica lealdade conservadora à tradição de permitir que investidores e empresas atuem como bem entenderem — e vai de encontro à abordagem desregulamentadora assumida em outras partes do Projeto 2025. A razão de a direita se sentir tão ameaçada pelo ESG é que ele evita a regulamentação governamental em favor da ação privada no mercado e, dessa maneira, busca usar métodos historicamente conservadores contra aliados da direita. Esta responde adotando regulamentação governamental tradicionalmente de esquerda para combatê-lo. Se tiver êxito, as propostas podem acabar com a capacidade de os cidadãos comuns investirem de acordo com sua consciência, intimidar empresas, levando-as a não seguirem abordagens ambientalmente mais amigáveis, e impedir os esforços para desacelerar a mudança climática.

O Federal Reserve

Os autores do Projeto 2025 reduziriam também o poder do Federal Reserve de várias maneiras importantes. Atualmente, o banco central tem a dupla missão de manter os preços estáveis e incentivar o máximo de emprego. Os autores acham que o foco no emprego significa deixar o Fed tolerante demais com a inflação. (Os últimos anos, em que houve inflação alta, mas também desemprego muito baixo, ilustram como isso funciona.) O Fed também comprou trilhões de dólares em ativos depois da crise de 2008, e os autores exigiriam que o banco vendesse esses ativos. Seu medo é que, se o banco central agir como credor de última instância, as empresas financeiras acabem se envolvendo em comportamentos de alto risco.

De maneira mais ampla, no entanto, eles também fazem objeções à atividade central do Fed, que é fixar taxas de juros e supervisionar a oferta de dinheiro. Escreve Paul Winfree:

> Um problema central no que diz respeito ao controle governamental sobre a política monetária é sua exposição a duas pressões políticas inevitáveis: a pressão para imprimir dinheiro e subsidiar déficits e a pressão para imprimir dinheiro e impulsionar artificialmente a economia até a eleição seguinte. Como as duas sempre vão existir enquanto houver políticos interesseiros, a única solução permanente é tirar o controle monetário das mãos do Federal Reserve e devolvê-lo ao povo.

Aqui o Projeto 2025 comete o mesmo erro de lógica que vimos na Seção I: se for verdade que o Fed está por demais sujeito à manipulação política, é difícil entender como expor o banco central à interferência política mais direta (e focada no curto prazo) seria melhor. Até mesmo a criação de uma supervisão mais direta por parte de funcionários eleitos seria um convite à demagogia.

A longo prazo, no entanto, os autores gostariam de ver o Fed fechar as portas de vez. Eles defendem uma moeda lastreada em commodities — na prática, um retorno ao padrão-ouro, no qual cada dólar representa uma quantia fixa de ouro — ou o "banco livre", o sistema usado pelos Estados Unidos no século xix, no qual bancos individuais teriam permissão para emitir sua própria moeda. Ambos são interesses de longo prazo dos economistas de direita. Cada um desses sistemas poderia ser incrivelmente desestabilizador, com efeitos imprevisíveis em tudo, desde os preços imediatos até a economia global. A maioria dos países trata o dólar existente como moeda de reserva, e mudar o seu emissor ou o seu valor poderia levar outros países a abandoná-lo ou a repensar o seu valor. Um padrão-ouro talvez evite a inflação, mas corre o risco de provocar deflação, o que pode afundar uma economia. Os Estados Unidos abandonaram esses sistemas por várias razões, como nos frequentes pânicos bancários, em que as pessoas perdiam grandes somas de dinheiro. A boa notícia é que nenhuma dessas ideias tem a menor chance de ser implementada num futuro próximo.

Trabalho

A proximidade do Partido Republicano com o mundo dos negócios é geralmente acompanhada de hostilidade contra o sindicalismo e de indiferença (na melhor hipótese) em relação aos trabalhadores em geral. Mas Trump conseguiu tirar dos democratas uma parcela de trabalhadores da classe operária mediante uma combinação de protecionismo, retórica pró-trabalho e apelos ao preconceito.[10] (Na prática, seu primeiro governo e especialmente o seu Conselho Nacional de Relações Trabalhistas eram tão céticos em relação às garantias trabalhistas quanto os de qualquer outro presidente republicano da história recente.) Alguns aliados seus, como o vice-presidente J. D. Vance e o senador Josh Hawley, buscaram uma combinação de simpatia para com as causas trabalhistas e ideias socialmente conservadoras. Essa fusão está no centro do capítulo de Jonathan Berry sobre o Departamento do Trabalho.

"O bem da família americana está no cerne das recomendações da política trabalhista conservadora", escreve ele, fazendo eco ao foco nos papéis tradicionais da família que vimos no primeiro capítulo, acrescentando que um objetivo importante é "restaurar o emprego que sustenta a família como peça central da economia americana". Em outras palavras, ele quer retornar a um mundo em que um provedor masculino possa permitir que uma mãe trabalhe em casa.

Berry tenta encontrar um difícil ponto de equilíbrio entre capacitar os trabalhadores e garantir que sejam bem pagos sem endossar os sindicatos, que têm sido historicamente a maneira mais eficiente de alcançar esses objetivos. "Seria um erro hostilizar os interesses essenciais dos sindicatos", escreve ele, embora recomende várias medidas para enfraquecê-los.

De um lado, Berry diz que o governo federal deveria proteger o direito dos trabalhadores a se sindicalizarem sem interferência dos empregadores e reintegrar rapidamente os trabalhadores demitidos por se organizarem. De outro, ele interpretaria de maneira mais restrita o que constitui atividade de organização, exigiria votação formal para a sindicalização, em vez da coleta de cartões sindicais assinados, e pediria ao Congresso para conceder às empresas isenções de leis trabalhistas federais importantes em alguns casos. Berry queria a demissão do conselheiro geral do Conselho Nacional de Relações Trabalhistas (o diretor de fato da agência) nomeado por Biden, por ser muito pró-trabalho, o que Trump fez logo que assumiu o cargo. Ele também tornaria mais fácil investigar supostas malfeitorias de sindicatos, mesmo sem queixa formal, e incentivaria alternativas aos sindicatos, como conselhos de trabalhadores, nos quais empregadores e trabalhadores se reuniriam para discutir questões relacionadas ao local de trabalho.

Berry afrouxaria as regras sobre pagamento de hora extra e reverteria as normas de Biden que classificam trabalhadores da economia informal como empregados, o que lhes garante proteções e benefícios, como licença médica e salário mínimo. Reforçando alegações de empresas como a Uber, Berry sustenta que tratá-los como contratados lhes garante mais flexibilidade, mas também significa que as empresas têm menos responsabilidades sobre eles. Pede, ainda, regras menos rigorosas para o licenciamento ocupacional em setores como o de cosméticos, ideia com algum apoio bipartidário.

Apesar da retórica sobre fortalecimento da família, Berry flexibilizaria as leis para o trabalho infantil, a fim de tornar mais fácil o emprego de crianças em ocupações perigosas, especialmente na agricultura. "Alguns jovens adultos demonstram interesse por trabalhos naturalmente perigosos. As regras atuais proíbem muitos jovens, mesmo que o negócio seja dirigido pela família, de trabalhar nessas ocupações", escreve. "O Departamento do Trabalho deveria alterar suas regulamentações de ordens de risco para permitir que adolescentes tenham acesso a empregos regulamentados, com treinamento adequado e consentimento dos pais."

Rede de segurança social

E quanto àqueles americanos que não conseguem encontrar ou manter um emprego capaz de sustentar a família? O Projeto 2025 mantém a histórica oposição conservadora à maioria dos programas de combate à pobreza. Os autores querem que o governo faça menos para ajudar os pobres e concentre sua atenção no crescimento econômico mais amplo, na esperança de que outras organizações, como grupos religiosos, assumam essa responsabilidade.

O papel central do Departamento de Agricultura como grande provedor de assistência social talvez seja subestimado, mas ele supervisiona programas cruciais como o vale-alimentação, e a assistência nutricional constitui 70% do seu orçamento. Daren Bakst quer que esses programas sejam transferidos para o Departamento de Saúde e Serviços Humanos. Um resultado disso seria a divisão do projeto do *farm bill*, uma imensa peça de legislação que precisa ser periodicamente revisada e aprovada e inclui vale-alimentação e outros benefícios, assim como a política agrícola. Separar essas questões não correlacionadas pode parecer sensato, mas a vantagem de juntá-las numa coisa só é criar apoio bipartidário. Dividi-las provavelmente enfraqueceria o apoio republicano ao vale-alimentação e a outros programas assistenciais.

E talvez seja essa a ideia, uma vez que Bakst, em outros lugares, busca maneiras de reduzir os esforços de combate à pobreza. Ele restringiria o direito ao vale-alimentação e instituiria requisitos mais rigorosos para que os beneficiários estejam empregados. Além disso, reduziria os programas de merenda escolar, argumentando que só deveriam contemplar os alunos mais necessitados. (O Departamento de Agricultura também é um grande provedor de assistência social a agricultores, através de um complicado conjunto de subsídios e outros programas; Bakst os cortaria também.)

Ex-secretário do Departamento de Habitação e Desenvolvimento Urbano, Ben Carson não acredita em programas de assistência habitacional, argumentando que eles incentivam a preguiça. "Os benefícios públicos muito frequentemente levam a armadilhas de pobreza intergeracional, penalizam implicitamente a formação familiar tradicional em casamentos, com dois pais, e desencorajam o trabalho e o aumento da renda, com isso restringindo a mobilidade ascendente", escreve. Ele limitaria a duração do direito aos benefícios habitacionais e fortaleceria os requisitos de trabalho.

Carson também quer que o Departamento de Habitação e Desenvolvimento Urbano dê preferência a instalar os americanos em casas unifamiliares, e não em apartamentos. "A posse da casa é a espinha dorsal do sonho americano", escreve ele. Apesar disso, o Projeto 2025 também defende a privatização das duas empresas de financiamento hipotecário respaldadas pelo governo, Fannie Mae e Freddie Mac, o que pode tornar mais difícil para alguns americanos conseguir empréstimos para compra da casa.

Entre os países desenvolvidos, os Estados Unidos já têm uma das redes de segurança social mais fracas, uma das mais altas taxas de pobreza e algumas das desigualdades mais extremas. Essas propostas abririam mais rombo na rede de segurança existente e, pelo menos de imediato, provavelmente aumentariam a taxa de pobreza. Para os americanos ficaria mais difícil sair da penúria e recuperar-se de reveses na vida sem ficar permanentemente para trás. Em resumo, o governo ofereceria menos ajuda e tornaria mais difícil obtê-la.

Censo

Uma das funções governamentais relativamente pouco mencionadas na Constituição é o Censo decenal. Embora a próxima contagem só vá ser feita em 2030, os autores do Projeto 2025 querem transformar o Departamento do Censo numa organização muito mais politizada, garantindo, para começo de conversa, que os indicados pelo presidente tenham influência sobre ele. "Uma liderança política forte faz-se necessária para aumentar a eficiência e alinhar a missão do Departamento do Censo com princípios conservadores", escreve Thomas F. Gilman.

Por que o Censo, um projeto complicado e técnico, destinado a produzir dados imparciais e indiscutíveis, deveria estar alinhado a princípios conservadores? As respostas são o financiamento federal e a alocação de assentos no Congresso: "Em 2020, a ausência de participação conservadora foi um fator na subcontagem em algumas áreas do país, afetando a representação de certos estados", escreve Gilman.

Ele quer também que o Censo acrescente uma pergunta sobre se os entrevistados são cidadãos americanos. A representação no Congresso é calculada com base na população total, e não na população de cidadãos, embora alguns conservadores venham tentando mudar a base, o que deslocaria poder para estados com menos imigrantes. Durante o primeiro mandato de Trump, o Departamento do Censo tentou acrescentar uma pergunta sobre cidadania, mas foi impedido pela Suprema Corte — embora os ministros tenham concluído que o governo mentiu sobre seus motivos, sem afirmar, no entanto, que a pergunta era necessariamente proibida por si mesma. Antigos diretores do Departamento do Censo argumentam que perguntar sobre cidadania desencorajaria os não cidadãos a responder, tornando a contagem menos precisa. Ironicamente, Gilman reclama, em outra parte, que muitas perguntas feitas pelo Departamento do Censo são "excessivamente invasivas".

4. Meio ambiente e energia

A DISCUSSÃO SOBRE QUESTÕES AMBIENTAIS e produção de energia no Projeto 2025 parece um comunicado de um mundo alternativo. No mundo real, as emissões de carbono e outros gases de efeito estufa emitidos por atividade humana estão aquecendo a Terra numa velocidade alarmante. Os níveis do mar se elevam à medida que o gelo polar derrete. Eventos climáticos extremos mais frequentes atingem o planeta, inclusive os Estados Unidos: perguntem a qualquer pessoa que tenha passado pelos sofrimentos dos furacões Harvey, Maria, Helene ou Milton. Mesmo estados interioranos, como Kentucky e Tennessee, vivenciam inundações catastróficas. A rede elétrica, há muito tida como segura, torna-se menos confiável diante dos recordes de calor e de frio. As mudanças de padrão climático ameaçam provocar deslocamentos internos e criam riscos para a agricultura; multidões de refugiados de terras inviabilizadas para habitação se movem pelo mundo, inclusive em direção aos Estados Unidos.

No mundo do Projeto 2025, no entanto, os progressistas travam uma "guerra sem razão de ser contra os combustíveis fósseis". As fontes renováveis de energia é que são culpadas por problemas na confiabilidade da rede elétrica. Os veículos elétricos são toleráveis, mas dificilmente desejáveis. Secas, escassez de água e eventos climáticos extremos são considerações secundárias, ou nem sequer mencionados. Os Estados Unidos já enfrentaram problemas ambientais verdadeiros, nos anos 1970, mas isso é coisa do passado.

Essa espantosa lacuna de raciocínio é essencial para o entendimento das propostas apresentadas no Projeto 2025. Fundamentalmente, suas sugestões nessa área se resumem a dois pontos: o primeiro é que os Estados Unidos precisam abandonar rápida e decisivamente todos os esforços para combater a mudança climática; o segundo — que não deixa de ter relação — é que a principal preocupação dos formuladores de políticas federais deve ser tornar os combustíveis fósseis tão abundantes e tão baratos quanto possível.

Não surpreende que um grupo de especialistas conservadores seja cético em relação à mudança climática e favorável à exploração de combustíveis fósseis. Foi sempre assim nas últimas quatro décadas. Embora o republicano Richard Nixon tenha estabelecido a Agência de Proteção Ambiental em 1970, os conservadores tendem a desconsiderar ou a minimizar o que era conhecido como aquecimento global desde que ele passou a ser uma preocupação importante nos anos 1980. As provas cada vez mais numerosas não mudaram a atitude dessas pessoas. A direita tem trabalhado em parceria com as empresas de petróleo e carvão, e também com outras grandes corporações, para retardar ou bloquear regulamentações ambientais. O primeiro administrador da Agência de Proteção Ambiental de Donald Trump era um negacionista da mudança climática; afastado depois de vários escândalos, foi substituído por um lobista da indústria do carvão. Trump também nomeou lobistas para chefiar os departamentos do Interior e de Energia. Mas o baluarte conservador mais confiável contra as mudanças climáticas tem sido o Judiciário, e especialmente a Suprema Corte, que bloqueou reiteradamente a regulamentação do dióxido de carbono proposta pelos governos Obama e Biden.

O Projeto 2025, contudo, vem depois de um período no qual os americanos achavam impossível ignorar os efeitos diretos da mudança climática na vida de todos — mesmo quem continua duvidando que ela seja causada pela atividade humana. Uma década atrás, negociadores internacionais em Paris firmaram um acordo histórico sobre mudança climática, com promessas de reduzir emissões de gases de efeito estufa como a parte mais importante. Sob a presidência de Barack Obama, os Estados Unidos assinaram o acordo climático de Paris. Como presidente, Donald Trump saiu do pacto, mas quando Joe Biden assumiu o cargo os Estados Unidos voltaram a aderir.

Além disso, o governo Biden, mais que qualquer outro na história do país, adotou políticas agressivas sobre mudança climática. Biden usou dois grandes projetos de gastos para tentar promover uma revisão geral da política climática americana: a Lei de Infraestrutura Bipartidária, de 2021, acrescentou 550 bilhões de dólares em novos gastos, a maioria de alguma forma relacionada ao clima, incluindo subsídios para estações de recarga de veículos elétricos, financiamento de transporte público, modernização da rede elétrica e pesquisa;[1] a Lei de Redução da Inflação, de 2022, aumentou em quase 800 bilhões de dólares os gastos para financiar projetos de energia limpa, incentivar veículos elétricos e reduzir emissões de carbono, entre outras metas.[2] Biden também abordou a mudança climática como um problema "de todo o governo", incumbindo funcionários do Gabinete de se prepararem para atenuar as mudanças climáticas. No entanto, trabalhou para baixar o preço da gasolina e permitiu que novos projetos de extração de combustível fóssil seguissem adiante.

Era natural que qualquer presidente republicano tentasse reverter parte disso, mas a escala da reversão que o Projeto 2025 imagina seria radical, fazendo o progresso dos Estados Unidos rumo à energia sustentável e à redução de emissões retroceder anos ou décadas. Muitas das ideias do Projeto também tratam a sustentabilidade energética e a alimentar como coisas obviamente opostas aos esforços de atenuação da mudança climática. Ao deixar de reconhecer o vínculo inextricável entre os objetivos, eles defendem medidas contraproducentes.

Mudança climática

Mesmo sem as diretrizes de Biden que incluíam o governo em sua totalidade, a variedade de agências envolvidas em política climática e energética é vasta. Inclui escolhas óbvias, como a Agência de Proteção Ambiental e o Departamento de Energia, mas também: o Departamento de Agricultura, porque política alimentar e mudança climática estão estreitamente relacionadas, e porque o milho é uma grande fonte de etanol, um biocombustível; o Departamento de Transporte, que supervisiona as estradas e o transporte público; e o Departamento do Interior, que gerencia a extração de recursos em terras federais. Até mesmo o Departamento de Segurança Interna entra no jogo, uma vez que o problemático programa de seguro contra inundações da Agência Federal de Gestão de Emergências tem sido sobrecarregado por eventos climáticos extremos.

Ao contrário de Trump, o Projeto 2025 não chama a mudança climática abertamente de "farsa", e quase sempre evita declarações diretas que desafiem a ciência nessa questão. Mas os autores, consistentemente, fazem pouco das advertências da "indústria de alarmes sobre as mudanças climáticas", como diz Thomas F. Gilman em tom de deboche. Mandy Gunasekara, que já foi chefe de gabinete da Agência de Proteção Ambiental, pinta uma visão rósea na qual desafios como poluição do ar e ozônio foram superados mas as Cassandras continuam a inventar novos vilões. "Embora a história ambiental dos Estados Unidos seja muito positiva, sempre há um retorno à retórica do medo dentro da agência, especialmente no que se refere à ameaça percebida de mudança climática", escreve ela.

Leitores do Projeto 2025 não vão encontrar nenhuma preocupação genuína com emissões de gases de efeito estufa; a menção mais direta é a de um plano para estabelecer um elevado limite de emissões industriais anuais, que, a partir disso, seriam regulamentadas pela Agência de Proteção Ambiental. Russell Vought defende a inclusão de "pontos de vista diversos" — um maldisfarçado eufemismo para negacionistas climáticos — e mais interferência política na redação da Avaliação Nacional do Clima, relatório quadrienal do governo sobre o aquecimento. Não se encontram ali discussões sobre condições crônicas de estiagem em grandes áreas dos Estados Unidos, incluindo os riscos que elas representam para o funcionamento de grandes reservatórios do Oeste, como o Lago Powell e o Lago Mead.[3] Incêndios florestais, problema que se agrava de modo persistente, recebem apenas menção superficial. Também não há muita discussão sobre eventos climáticos extremos ou furacões mais intensos. Apenas num capítulo sobre o Departamento do Tesouro o assunto é de fato abordado, e descartado com desdém: "A história mostra que o crescimento econômico e o avanço tecnológico/científico por meio da criatividade humana são de longe a melhor maneira de prevenir e atenuar eventos climáticos extremos".

Gunasekara dá a entender que, como a mudança climática é tão difícil de isolar e enfrentar, não vale a pena abordá-la com as ferramentas da Agência de Proteção Ambiental. "Os esforços regulatórios deveriam se concentrar em problemas ambientais tangíveis, com soluções práticas, viáveis economicamente, acessíveis, para limpar o ar, a água e o solo, e os resultados deveriam ser avaliados e acompanhados por sistemas simples de medição, disponíveis para o público", escreve ela.

Uma vez descartados os perigos da mudança climática, os autores sugerem um ataque às instituições científicas que a documentam e às políticas governamentais que a combatem. O Projeto 2025 propõe o fechamento do Escritório de Política Climática Nacional da Casa Branca, o fim de todo o trabalho relacionado à mudança climática na Agência dos Estados Unidos para o Desenvolvimento Internacional [Usaid, sigla de U.S. Agency for International Development], e o corte do financiamento federal para pesquisas em captura de carbono.

Numa das ideias mais chocantes de todo o Projeto 2025, Gilman sugere a liquidação e a privatização da Administração Oceânica e Atmosférica Nacional [NOAA, sigla de National Oceanographic and Atmospheric Administration], de cujas previsões meteorológicas milhões de americanos dependem todos os dias, às vezes para tomar decisões de vida ou morte. Gilman se queixa de que, pelo foco no clima, a organização se tornou "prejudicial para a prosperidade futura dos Estados Unidos". Escreve ele:

> A NOAA hoje se gaba de ser provedora de serviços de informação ambiental, provedora de serviços de administração ambiental e líder em pesquisa científica aplicada. Cada uma dessas funções poderia ser executada comercialmente, talvez a um custo mais baixo e com qualidade mais alta.

A ideia não é inteiramente nova. Embora usem dados da NOAA para fazer o seu trabalho, os meteorologistas comerciais há muito se queixam de que as previsões meteorológicas governamentais disponibilizadas gratuitamente os prejudicam. A AccuWeather propõe que a NOAA deixe de oferecer dados para o público e os forneça apenas a empresas como ela própria.[4] (Trump chegou a nomear o CEO da AccuWeather para chefiar a NOAA em 2017, mas o Senado jamais o confirmou, em parte por causa do conflito de interesses.)

Gilman não acabaria com o Centro Nacional de Furacões, que rastreia e divulga alertas sobre tempestades tropicais, mas diz que deveria ser revisto, para garantir que os dados sejam apresentados "sem ajustes destinados a apoiar qualquer dos lados do debate climático". Ele é menos favorável ao Escritório de Pesquisa Oceânica e Atmosférica, que seria "a fonte de grande parte do alarmismo climático da NOAA", e quer que a maioria de suas pesquisas seja encerrada. Isso seria apenas uma das muitas perdas causadas pelo Projeto 2025, se os autores conseguissem atingir o objetivo de diminuir o financiamento de uma série de escritórios e entidades que lidam com a mudança climática, como o Escritório de Eficiência Energética e Energia Renovável e o Escritório de Demonstração de Energia Limpa, ambos do Departamento de Energia.

O Projeto 2025 propõe a revogação completa da Lei de Infraestrutura Bipartidária e da Lei de Redução da Inflação de Biden, mas, supondo que isso não ocorra, tentaria desgastá-las o máximo possível. Por exemplo, os autores rechaçariam programas da Lei de Redução da Inflação que financiam a ciência ambiental, rescindiriam o financiamento já alocado nos termos da lei e encerrariam os programas de emprego que ela criou.

Uma antipatia particular é reservada aos veículos elétricos, que ocupavam lugar central na política climática de Biden. O Projeto 2025 tentaria revogar qualquer lei ou regulamentação que privilegiasse veículos elétricos, fosse por meio de subsídios ou pelo endurecimento dos padrões para carros e caminhões tradicionais.

"Aumentar a produção de veículos elétricos tornará os Estados Unidos mais dependentes da China e de outros países que controlam o suprimento e o processamento de minerais de terra rara necessários para as baterias desses veículos", acusa Diana Furchtgott-Roth num capítulo sobre o Departamento de Transporte. "E a implantação mais rápida de veículos elétricos exercerá forte pressão sobre a vulnerável rede elétrica dos Estados Unidos, exigindo grandes investimentos em infraestrutura essencial e um aumento significativo na produção nacional de eletricidade, incluindo de usinas a gás e a óleo."

A esse argumento, é claro, corresponde um contra-argumento: ao permitir que a China domine o mercado de novos veículos, a indústria automobilística americana corre o risco de ficar para trás tanto científica como comercialmente. Apesar disso, Furchtgott-Roth sustenta que os padrões de economia de combustíveis devem ser controlados pelo Departamento de Transporte, e não pela Agência de Proteção Ambiental, e que deveriam ser mais baixos. Ela chega a afirmar que esses padrões são responsáveis por um recente aumento nos casos de direção temerária: "Uma razão para o alto número de feridos nas estradas americanas é que os padrões nacionais de economia de combustível aumentam o preço dos carros, desincentivando a compra de veículos mais novos e seguros". (Ela não cita nenhuma fonte para essa afirmação.) Furchtgott-Roth também argumenta que o Departamento de Transporte deveria dar mais importância às viagens compartilhadas, aos veículos autônomos e a outras alternativas do setor privado para o transporte público, que é mais eficiente em termos de energia mas é administrado pelo governo.

Escrevendo sobre o Departamento de Agricultura, Daren Bakst reclama que este, no governo Biden, "colocou a mudança climática e questões ambientais à frente dos requisitos mais importantes da agricultura: produzir eficientemente alimentos seguros". Numa argumentação confusa, ele se queixa de que a cúpula do Departamento de Agricultura não concentra sua atenção na eficiência da agricultura, ao mesmo tempo que afirma que os Estados Unidos já são líderes mundiais na produção eficiente. De qualquer maneira, Bakst jamais tenta explicar por que razão um clima em mudança poderia, por si só, prejudicar a produção dos alimentos e o acesso a eles.

O Projeto 2025 também relaxaria as regulamentações ambientais em muitas áreas não relacionadas com a mudança climática, aumentando a poluição da água e do ar e acabando com a proteção para os animais selvagens. Em muitos casos, os meios são técnicos mas os resultados são simples: menos regulamentação aplicada com menos rigor.

Por exemplo, Gunasekara sugere que a Agência de Proteção Ambiental deveria para todos os efeitos desistir dos esforços para controlar as PFAS — substâncias per e polifluoroalquil, a classe dos poluentes frequentemente chamados de "produtos químicos eternos". Ela propõe que sejam reclassificados como "substância perigosas" e "que se revisem as regulamentações e políticas de limpeza de águas subterrâneas para refletir os desafios de contaminantes onipresentes como as PFAS" — em outras palavras, jogar a toalha. Também insistiria menos na aplicação da Lei da Água Limpa, reduzindo os corpos de água a ela sujeitos.

A Agência de Proteção Ambiental reduziria ainda a regulamentação de hidrofluorcarbonetos e reavaliaria se 2064 não é uma meta muito apressada para a restauração da visibilidade natural no ar. Aprovaria produtos químicos com mais rapidez. A Lei das Espécies Ameaçadas seria aplicada com menos frequência, e em alguns lugares já não abrangeria o lobo cinzento, o galo silvestre e o urso-pardo. O Departamento do Interior reduziria a supervisão da indústria do carvão de forma geral. E o Conselho de Qualidade Ambiental da Casa Branca reinterpretaria, de forma mais restrita, a Lei Nacional de Política Ambiental, que exige que agências federais avaliem o impacto ambiental de qualquer projeto.

Combustíveis fósseis

O afastamento radical da ciência, da política e da aplicação da lei relacionadas à mudança climática é necessário para alcançar o objetivo real da visão energética do Projeto 2025: um grande empurrão para ajudar a indústria de combustíveis fósseis.

Os autores argumentam que o país atravessa uma crise de energia causada por "políticas 'verdes' radicais". "Parem com essa guerra contra o petróleo e o gás natural", implora Bernard L. McNamee em seu capítulo sobre o Departamento de Energia. Escrevendo sobre o Departamento do Interior, William Perry Pendley concorda:

> Levando em conta o sério impacto da guerra de Biden contra os combustíveis fósseis, nenhuma outra iniciativa é mais importante para o Departamento do Interior sob um presidente conservador do que a restauração de sua histórica função na gestão do vasto reservatório de hidrocarbonetos do país.

Na verdade, Pendley vê a extração de recursos, mais do que a preservação da terra, quase como o único objetivo do Departamento do Interior.

Em trechos sobre energia e meio ambiente, o Projeto 2025 vê qualquer lobby a favor da saúde do meio ambiente em sua totalidade como um interesse indigno de consideração especial, ao mesmo tempo que trata as indústrias do petróleo e do gás natural como setores que necessitam de proteção e incentivo do governo. (Durante a campanha presidencial de 2024, Trump pediu aos executivos do petróleo, em caráter privado, 1 bilhão de dólares em doações, prometendo, em troca, reduzir a regulamentação ambiental.)

Enquanto exigem o fim dos subsídios para a energia renovável, os autores defendem tratamento mais vantajoso para empresas de combustíveis fósseis, como a ampliação do número de concessões para a perfuração de gás e petróleo em terras federais; a abertura do Refúgio Nacional de Vida Selvagem do Ártico e mais áreas da Reserva Natural de Petróleo, ambos no Alasca, para a perfuração; e a agilização das aprovações e licenças. (Não está claro se há grande interesse em perfurar algumas dessas localidades. Duas vezes nos últimos quatro anos o Congresso exigiu que o Departamento do Interior oferecesse concessões no Refúgio Nacional de Vida Selvagem do Ártico, e em nenhuma dessas ocasiões as vendas atraíram grandes empresas de petróleo ou gás.)[5] O gás natural recebe atenção especial, com ênfase no incentivo às exportações, à construção de gasodutos e no seu uso para geração de eletricidade.

Às vezes a disposição para perfurar leva ao humor macabro. "O governo Biden violou suas responsabilidades fiduciárias com os indígenas americanos. Isso é inaceitável", esbraveja Pendley. Parece plausível — historicamente, o tratamento dispensado pelo governo aos indígenas tem sido hediondo —, mas a próxima frase toma uma direção inesperada: "Especificamente, a guerra do governo Biden aos combustíveis fósseis e aos recursos minerais disponíveis dentro do país tem sido arrasadora".

O Projeto 2025 não se opõe às fontes alternativas de energia por si mesmas. Os autores defendem maior uso de energia nuclear. Não discutem o etanol, assunto politicamente delicado, porque os agricultores conservadores do Iowa adoram subsídios para transformar milho em combustível, mas os conservadores fiscais veem os subsídios como intervenção inaceitável no mercado. O Projeto 2025 não compartilha o inexplicável ódio de Trump à energia eólica, mas ainda é cético. "A diversidade de recursos é necessária para dar apoio à confiabilidade da rede. A pressão para usar fontes 100% renováveis, ou não emissoras de carbono, ameaça a confiabilidade da rede elétrica", afirma McNamee.

Apesar de dizer que ela precisa ser mais confiável, McNamee ignora quase inteiramente o Exemplo A: o colapso da rede elétrica do Texas durante as tempestades de inverno em fevereiro de 2021, provocando centenas de mortes. O incidente ocorreu num estado com controle conservador unificado. E, embora McNamee e o governador Greg Abbott culpem as fontes renováveis de energia pelos apagões, investigações conduzidas pelos reguladores[6] e pela Universidade do Texas revelaram que um culpado maior foi a geração de energia a gás natural.[7]

QUALQUER ABORDAGEM QUE comece ignorando o esmagador consenso científico quanto à mudança climática está condenada a ter uma relação conturbada com a pesquisa científica, e este é o caso do Projeto 2025.

"O Departamento de Energia deveria ser orientado em outra direção e passar a chamar-se Departamento de Segurança Energética e Ciência Avançada", escreve McNamee. "Os Estados Unidos estão perdendo sua supremacia em descobertas científicas e desenvolvimento tecnológico."

Apesar disso, ele recomenda o fechamento de vários escritórios do Departamento de Energia relacionados a pesquisa, como a Agência de Projetos de Pesquisa Avançada em Energia, um laboratório experimental semiautônomo de tecnologia energética. Na Agência de Proteção Ambiental, Gunasekara quer um grande aumento de indicações políticas para supervisionar cientistas, incluindo um chefe de gabinete nomeado segundo critérios políticos para gerenciar todo o escritório ligado à poluição do ar; um acréscimo de pelo menos seis altos funcionários também com nomeação política para supervisionar e "reformar" a pesquisa e a ciência da Agência de Proteção Ambiental; um nomeado político para supervisionar as subvenções e determinar — ao que tudo indica, de forma diferente da dos cientistas — quais projetos são "mais necessários" e "vão melhorar, de forma tangível, o meio ambiente".

Ainda mais óbvia é uma contradição econômica em todas as passagens relacionadas a energia e meio ambiente. Em particular, os autores privilegiam cronicamente os preços ao consumidor de curto prazo sobre todas as outras considerações — incluindo não apenas os custos futuros das políticas que defendem, mas também fatores externos significativos. Isso ocorre quando Furchtgott-Roth sugere o abandono de veículos elétricos ou sustenta que o único objetivo do Departamento de Transporte deveria ser "tornar as viagens mais fáceis e menos caras" — a curtíssimo prazo, bem entendido. Aparece no desdém de Gunasekara pelas PFAS e pela mudança climática, e na preocupação com alimentos baratos agora à custa de alimentos suficientes no futuro.

Autoridades eleitas são reconhecidamente propensas a soluções de curto prazo, que as ajudem a ganhar a próxima eleição. A virtude de iniciativas infirmes como o Projeto 2025 é que elas permitem a especialistas em políticas fazerem propostas sem precisar levar em conta efeitos eleitorais imediatos. Se os especialistas estão pensando com a mesma falta de perspectiva dos políticos, que sentido faz?

5. Política externa e defesa

Os autores do Projeto 2025 visualizam os diplomatas e as Forças Armadas dos Estados Unidos combatendo uma guerra em duas frentes. A primeira é para conter o poder crescente da China na Ásia e no resto do mundo. A segunda é para rechaçar a disseminação do progressismo e do "wokismo" dentro do Departamento de Estado, do Pentágono e da Comunidade de Inteligência, e substituí-los por ideais conservadores.

Não é exatamente assim que eles descreveriam, mas nos capítulos que tratam de Forças Armadas, espionagem e diplomacia os autores dão muito mais ênfase a esses dois tópicos do que a qualquer outro. As lutas contra a China e o progressismo interno estão conectadas; lidos em conjunto, esses capítulos convocam para a volta a uma mentalidade de Guerra Fria, na qual os Estados Unidos enfrentam uma ameaça existencial. O país inteiro e cada setor do governo precisam estar ideologicamente mobilizados e alinhados para enfrentá-la, o que exige expurgar o progressismo do establishment de defesa nacional.

"De longe, o perigo mais significativo para a segurança, as liberdades e a prosperidade dos americanos é a China", escreve Christopher Miller, que serviu por um breve período como secretário interino de Defesa entre novembro de 2020 e janeiro de 2021. Os autores anteveem a próxima fase da história mundial como uma era de competição entre grandes potências; que os Estados Unidos enfrentarão menos "guerras pequenas" como as que travaram no mundo inteiro desde o fim da Guerra Fria e precisam se preparar para grandes conflitos terrestres como os que travaram durante o século xx.

Para estar à altura desse momento, Miller recomenda uma expansão das Forças Armadas, gastos maiores com defesa e uma ampla modernização do arsenal nuclear americano. No lado diplomático, Kiron K. Skinner, ex-chefe de planejamento de políticas no Departamento de Estado, propõe "a mudança mais significativa em princípios fundamentais de política externa, e na ação correspondente, desde o fim da Guerra Fria". Ela recomenda cortes implacáveis no financiamento de qualquer organismo internacional (como as agências da onu) que não apoie a política americana, enquanto Max Primorac, que já foi alto funcionário da Usaid, quer que a ajuda externa seja transformada numa arma da política estratégica americana. (Em vez disso, em suas primeiras semanas no cargo Trump tomou providências para fechar a Usaid.)

Isso, apesar da belicosidade, não representa um retorno aos dias neoconservadores de promoção da democracia e de aventureirismo no exterior. Afastando-se do otimismo direitista do "fim da história" dos anos 1990, esses autores têm uma visão sombria do mundo, em que um lado só ganha se o outro perder. Mas sua abordagem não combina bem com a imagem de candidato da paz que Donald Trump vendeu durante a campanha. Como presidente, ele insistiu numa política de retração, e quando estava fora do cargo acusou Joe Biden de atiçar a "Terceira Guerra Mundial" com seu apoio à Ucrânia contra a Rússia e sua gestão de crises no Oriente Médio.[1]

Na realidade, a postura pacifista de Trump sempre foi mais aparente do que real. Como presidente, ele flertou com a ideia de usar a força militar mundo afora. Ameaçou a Coreia do Norte "com fogo e fúria como o mundo nunca viu",[2] pensou em voz alta em mandar tropas para a Venezuela,[3] ordenou um lançamento de mísseis (nunca realizado) para matar o então ditador sírio Bashar al-Assad[4] e avaliou a possibilidade de realizar ataques a cartéis dentro do México.[5] Apesar disso, há diferenças reais entre a visão do Projeto 2025 e a visão de Trump, especialmente a respeito da Rússia. Skinner delicadamente reconhece que a guerra russa contra a Ucrânia "divide acentuadamente os conservadores", mas pondera:

> Todos os lados concordam que a invasão da Ucrânia por Putin é injusta e que o povo ucraniano tem o direito de defender a sua pátria [...]. O conflito enfraqueceu severamente o poderio militar de Putin e deu impulso à unidade da Otan e sua importância para os países europeus.

Na verdade, Trump nem sempre concordou com isso. Além do mais, os planos esboçados no Projeto 2025 exigiriam um aumento enorme de gastos com defesa, a maior parte dos recursos discricionários do orçamento federal, numa época em que Trump tenta reduzir custos.[6] O futuro dos gastos do Pentágono dependerá de batalhas internas entre os defensores de cortes orçamentários e os defensores de gastos com defesa dentro do governo.

Os departamentos de Estado e de Defesa são conhecidos, mas dois outros órgãos discutidos aqui, a Usaid e a Comunidade de Inteligência, são menos compreendidos — este último de propósito. A Usaid é uma agência independente, o que significa que seu líder é nomeado pelo presidente e confirmado pelo Senado, e não faz parte de nenhum departamento. Ela financia trabalhos de ajuda e desenvolvimento no mundo inteiro, e seu orçamento anual costuma ficar na casa das dezenas de bilhões de dólares, o que corresponde a menos de 1% do orçamento federal. (Os americanos consistentemente superestimam os gastos do país com ajuda, supondo que cheguem até um quarto do orçamento.)

Comunidade de Inteligência é um termo que engloba as muitas e distintas agências federais de inteligência, incluindo entidades destacadas como a cia, a Agência de Segurança Nacional e a Divisão de Inteligência do fbi; uma série de agências de inteligência do Departamento de Defesa e órgãos pouco conhecidos, como a Inteligência da Guarda Costeira e o Escritório de Inteligência e Contrainteligência do Departamento de Energia. Nos termos mais simples, todas elas coletam informações — algumas secretas, outras de conhecimento público — e as analisam para uso do governo. Investigações feitas depois do Onze de Setembro revelaram que falhas de comunicação entre os muitos órgãos distintos tinham prejudicado a capacidade do país de impedir os ataques. O Congresso estabeleceu o Escritório do Diretor de Inteligência Nacional como órgão de coordenação, mas duas décadas depois sua função ainda é um tanto contestada. O diretor da Inteligência Nacional é designado como o mais alto conselheiro de inteligência do presidente, mas não tem controle direto sobre as agências da Comunidade de Inteligência.

O expurgo dos elementos progressistas

O Projeto 2025 defende que o único caminho para reformular o governo — seja radical, seja corriqueiramente — é mudar quem nele trabalha. Em política externa, defesa e inteligência, isso é em parte uma questão de alinhamento às prioridades presidenciais, superando a resistência de servidores públicos que se opõem ideologicamente ou simplesmente resistem a mudanças. Os autores também veem a reestruturação da força de trabalho como um jeito de aumentar a responsabilização e combater a cautela excessiva numa burocracia — especialmente no Pentágono — que ambos os partidos reconhecem como inchada e labiríntica. Mas essas seções do Projeto 2025 também apoiam a ideia de que funcionalismo não é só política, mas também ideologia. Se os Estados Unidos estão travando uma guerra global contra o Partido Comunista da China, os autores propõem um expurgo político que alinhe os departamentos e agências voltados para fora com o dogma conservador.

Trata-se do renascimento de uma abordagem antiquada. Durante a Segunda Guerra Mundial, os Estados Unidos apostaram numa aliança com o líder nacionalista chinês Chiang Kai-Shek, mas depois do conflito os comunistas de Mao Tsé-Tung tomaram o poder.[7] A derrota dos nacionalistas pegou os Estados Unidos de surpresa e instaurou o pânico sobre um poderoso eixo comunista sino-soviético. A culpa recaiu sobre os ombros de funcionários de carreira do Departamento de Estado — conhecidos como *"China hands"*[8] [especialistas em China] — que foram acusados não só de não prever a ascensão de Mao, como também de simpatizarem secretamente com os comunistas. O senador Joseph McCarthy, republicano do Winsconsin, usou a chamada perda da China para dar credibilidade às suas alegações de infiltração comunista no governo dos Estados Unidos. Ele alegava que um governo que não fosse dogmaticamente unificado poderia ser derrotado na Guerra Fria, e milhares de funcionários públicos federais perderam o emprego por infrações grandes e pequenas, algumas reais, porém a maioria imaginária.

Diferentemente de McCarthy, os autores do Projeto 2025 não parecem acreditar que servidores públicos do Pentágono e do Departamento de Estado simpatizem em segredo com o Partido Comunista da China, mas creem que atrapalham o exercício de uma vigorosa política de direita, e veem o progressismo (especialmente o "wokismo", muitas vezes invocado porém nunca definido) como próximo demais do marxismo. Acreditam que ele é um câncer capaz de enfraquecer a capacidade americana de vencer a China.

Essa pressão pela correção ideológica combina bem com os conflitos de Trump com os subordinados. Em seu primeiro mandato na Casa Branca, Trump teve reiteradas dificuldades com funcionários tanto do Pentágono como do Departamento de Estado, que resistiam a suas ideias. Muitas das objeções vinham não de funcionários de carreira, mas de seus próprios indicados. O secretário de Estado teria chamado Trump de "idiota",[9] e depois disse à *Foreign Policy*: "Seu entendimento de eventos globais, seu entendimento de história global, seu entendimento de história americana era realmente limitado. É realmente difícil ter uma conversa com alguém que não entende a razão pela qual um assunto está sendo abordado".[10]

James Mattis, o general de quatro estrelas reformado do Corpo de Fuzileiros Navais que serviu como secretário de Defesa, teria ignorado instruções de Trump que lhe pareceram perigosas,[11] e mais tarde disse numa declaração: "Donald Trump é o primeiro presidente durante o meu tempo de vida que não tenta unir o povo americano — nem sequer finge tentar. Em vez disso, tenta nos dividir".[12] Mark Milley, escolhido a dedo por Trump para ser chefe do Estado-Maior Conjunto, tem sido um crítico tão destacado desde que passou para a reforma que em 2023 Trump sugeriu que ele fosse executado por traição.[13]

O primeiro processo de impeachment de Trump teve início após uma denúncia do tenente-coronel Alexander Vindman, oficial da ativa do Exército destacado para trabalhar no Conselho de Segurança Nacional, de que o presidente teria pressionado o governo ucraniano para investigar Hunter Biden.[14] As principais testemunhas no julgamento de impeachment incluíam funcionários de carreira e funcionários nomeados do Departamento de Estado.

Se é assim que pessoas no mais alto escalão do governo falavam a respeito de Trump, dá para imaginar o que alguns funcionários de carreira pensam. (É importante notar que a recusa de Mattis a cumprir ordens, embora talvez prudente em casos específicos como o ataque a Assad, abre um precedente perigoso para o controle democrático de funcionários não eleitos — e dá munição a tentativas de concentração de poder como a contemplada no Projeto 2025.)

Mas como nenhum plano político é capaz de mudar Trump, o Projeto 2025 busca mudar as pessoas que trabalham para ele. Os autores reclamam que o Senado demora muito para confirmar nomeados políticos, e recomendam que o presidente preencha os cargos com funcionários em caráter interino, o que ao mesmo tempo marginaliza funcionários de carreira e pressiona o Senado a confirmar indicados.

Skinner afirma que "uma grande fonte [...] de ineficácia do Departamento de Estado está em sua crença institucional de ser uma instituição independente que sabe o que é bom para os Estados Unidos, estabelece sua própria política externa e não precisa da orientação de um presidente eleito". Realmente, nenhum presidente — e nenhum secretário de Estado — tem como manter uma consciência minuciosa de cada região e de cada relação internacional, por isso o Departamento de Estado, o Pentágono e a Comunidade de Inteligência precisam poder operar com uma boa dose de autonomia. Ainda assim, o controle político é essencial para a governança democrática.

A luta contra supostas inclinações políticas, no entanto, é mais difícil de justificar. Nesses capítulos, os autores mostram uma fixação com o que lhes parece um viés liberal em todos os departamentos relevantes e uma infusão imprópria de política partidária na formulação política. Esses argumentos parecem atraentes à primeira vista — quem quer politização onde ela não cabe? — e às vezes até acertam o alvo: os autores têm motivos de interesse próprio para criticar generais e ex-funcionários da inteligência que se envolveram em política partidária, mas essas razões a rigor põem em risco a percepção de imparcialidade. O problema é que, evidentemente, os autores querem um projeto coordenado de politização de direita, e não de neutralidade.

O expurgo começa na Casa Branca. Em seu capítulo sobre a equipe presidencial, Russell Vought sugere o que pode ser chamado de cláusula anti-Vindman, destinada a acabar com qualquer objeção de consciência a novas políticas. O conselheiro de segurança nacional

> deveria devolver todos os funcionários emprestados não essenciais para as agências de origem em seu primeiro dia no cargo para que o novo governo possa prosseguir de modo eficiente sem as "minas terrestres" deixadas pelos administradores anteriores, e substituir o quanto antes todos os funcionários emprestados essenciais por funcionários alinhados com as prioridades do novo presidente.

(Em 22 de janeiro de 2025 o novo conselheiro de Segurança Nacional Mike Waltz pôs de licença muitos funcionários emprestados que lidavam com questões como Ucrânia e Irã.)

Num exemplo claro de transferência de poder na Casa Branca, Vought também diz que o Conselho de Segurança Nacional

> deveria revisar com rigor todas as promoções de generais e altos oficiais da Marinha para priorizar as funções e responsabilidades essenciais das Forças Armadas, e não a engenharia social e as questões não relacionadas à defesa, incluindo mudança climática, teoria crítica da raça, extremismo fabricado e outras políticas polarizadoras que enfraqueçam as nossas Forças Armadas e desestimulam o alistamento dos melhores homens e mulheres da nossa nação.

Christopher Miller concorda, dizendo: "O que temos agora é o corpo de oficiais-generais de Barack Obama", repleto de líderes promovidos "por razões alheias à sua capacidade de combate".

Miller oferece orientações conflitantes para generais. Mesmo recomendando uma atenção renovada na capacidade de combate, ele também quer que os generais sejam incumbidos de reverter o declínio do apoio público às Forças Armadas — na verdade, um exercício de marketing. A teoria de Miller para o declínio é que as Forças Armadas se tornaram "o campo de testes sociais do país" e ferramenta de "uma agenda de engenharia social". Ele jamais explica exatamente o que isso quer dizer, e as Forças Armadas quase sempre estiveram um passo à frente da sociedade em geral: foram dessegregadas em 1948, seis anos antes do caso Brown vs. Conselho de Educação,* e aboliram a política "Não Pergunte, Não Conte" para membros LGBTQIAPN+ das Forças Armadas quatro anos antes de a Suprema Corte legalizar o casamento entre pessoas do mesmo sexo.

O capítulo de Miller sugere que ele de fato quer apenas que a engenharia social das Forças Armadas reflita seu gosto pessoal. Deseja "eliminar a doutrinação marxista e programas polarizadores de teoria crítica da raça"; abolir escritórios de diversidade, equidade e inclusão; reintegrar membros das Forças Armadas dispensados por se recusarem a tomar vacina contra a covid-19; revisar currículos nas escolas para filhos de militares; e eliminar o regime de vitaliciedade nas academias militares, o que provavelmente resultaria numa fuga de cérebros do corpo docente.

---

* Brown vs. Board of Education of Topeka (1954): caso em que a Suprema Corte dos Estados Unidos decidiu pela inconstitucionalidade das divisões de raça no país, sobretudo em locais públicos. (N. T.)

Miller acha que essas políticas progressistas são culpadas por uma queda preocupante no alistamento militar e que eliminá-las resolveria o problema, embora não ofereça muitas provas para respaldar sua opinião. Há anos as Forças Armadas lutam para atingir metas de recrutamento, e ele acredita que o Exército, sozinho, precisa de um acréscimo de 50 mil pessoas.[15] O desejo de expandir as fileiras, no entanto, é incompatível com as recomendações de Miller para que as Forças Armadas expulsem pessoas trans e HIV-positivas e eliminem ferramentas de recrutamento destinadas a grupos sub-representados. (Em seus primeiros dias, o segundo governo Trump fechou os programas de Diversidade, Equidade e Inclusão do Pentágono, ordenou a reintegração de membros dispensados por recusarem vacinas e tomou providências para expulsar membros trans das três armas.)

Algumas dessas contradições aparecem no capítulo de Dustin J. Carmack sobre a Comunidade de Inteligência. Trump se convenceu, antes da sua primeira posse, de que a Comunidade de Inteligência estava atrás dele, e suas relações com as agências de espionagem só pioraram.[16] Numa entrevista coletiva de 2018 com o presidente russo Vladimir Putin, ele deu a infame declaração de que confiava mais nas negativas de Putin sobre interferência na eleição do que nas avaliações do serviço de informações americano.[17] (As falhas notórias da Comunidade de Inteligência em relação ao Onze de Setembro e à Guerra do Iraque fazem dela um alvo irresistível.)

Em 2019 Trump demitiu o diretor de Inteligência Nacional, Dan Coats, por lealdade insuficiente, e para substituí-lo nomeou John Ratcliffe, obscuro congressista do Texas.[18] O Senado rejeitou a indicação quando ficou claro que Ratcliffe quase não tinha experiência na área de inteligência e atribuía valor exagerado à pouca que tinha.[19] Mas Trump voltou a nomeá-lo em 2020, dessa vez com êxito. Como diretor de Inteligência Nacional ele divulgou informações duvidosas, e não checadas, sobre a campanha presidencial de Hillary Clinton em 2016, no que foi amplamente interpretado como uma tentativa de ajudar a campanha de Trump em 2020. Trump escolheu Ratcliffe para chefiar a CIA em seu segundo mandato.

É desconcertante, portanto, ver Carmack, ex-assessor de Ratcliffe, argumentar que a Comunidade de Inteligência precisa ser protegida "de cima a baixo e de baixo a cima da politização" e reclamar que líderes têm sido "escolhidos por suas opiniões políticas ou lealdades políticas, e não por sua competência técnica". Carmack está certo em princípio: a inteligência politizada abriu caminho para a Guerra do Iraque, e um presidente que recebe informações ideologicamente filtradas pode ser menos capaz de tomar boas decisões. Inversamente, a boa inteligência que entra em choque com os objetivos do presidente pode restringi-lo ou constrangê-lo.

No entanto, nada aqui sugere um interesse genuíno em eliminar a influência política — muito pelo contrário. Embora manifeste preocupação com a supressão de opiniões divergentes dentro da Comunidade de Inteligência, Carmack também adverte que funcionários precisam ser neutros e não usar "seus cargos e seu acesso privilegiado a informações para influenciar a formulação política indireta ou diretamente de forma inapropriada (em especial se envolvendo em exagero de ameaças)". Em outras palavras, se você não concorda com o presidente e seus indicados, cale a boca. Na verdade, Carmack defende a demissão sumária de qualquer funcionário que seja apenas suspeito de vazar informações para a imprensa ou para o público. Enquanto isso, os ataques de Trump à Comunidade de Inteligência não são mencionados.

Deixando mais uma vez de reconhecer uma contradição óbvia, Primorac se queixa de que, no tempo de Biden, a Usaid adotou "uma agenda política e cultural polarizadora que promove aborto, extremismo climático, radicalismo de gênero e intervenções contra racismo sistêmico reconhecido", o que, segundo ele, criou um "ambiente de trabalho hostil" para funcionários conservadores, mas elogia a Usaid de Trump por instituir "políticas pró-vida e em defesa da família".

O Pentágono e as Forças Armadas

As propostas sobre o Departamento de Defesa merecem atenção especial, não só pela propensão de Donald Trump a cuidar, ele próprio, da democracia, ou por suas dúvidas sobre a Comunidade de Inteligência, mas pelo seu tamanho. Os gastos com defesa correspondem a 13% do orçamento federal, atrás apenas dos programas de seguro-saúde e da Previdência Social.[20]

O Projeto 2025 propõe aumentar mais ainda o orçamento da defesa. Miller quer que o Exército acrescente um número suficiente de soldados para ser capaz de vencer duas grandes guerras regionais ao mesmo tempo. Além disso, defende a modernização e a expansão do arsenal nuclear existente para manter um dissuasor contra a China e a Rússia. Quer que o Pentágono acelere a compra de mais caças F-35A, que custam mais de 80 milhões de dólares a unidade:[21] de 42 no orçamento de 2025 para algo entre sessenta e oitenta por ano.[22] Miller reformularia o processo do Pentágono para desenvolver, comprar e vender armas para países amigos, alinhando-se a um vasto consenso bipartidário. Por fim, quer que as Forças Armadas sejam disponibilizadas para patrulhar a fronteira americana. Escreve ele:

> A realidade é que atingir esses objetivos exigirá mais gastos com defesa, tanto pelos Estados Unidos como por seus aliados, e também um apoio ativo à reindustrialização e mais apoio à capacidade produtiva dos aliados, a fim de que possamos ampliar juntos nossos esforços no mundo livre.

Mas esse objetivo não combina com a pluralidade de americanos que já acreditam que os Estados Unidos gastam demais com defesa, e também com Elon Musk, cujo "Departamento de Eficiência Governamental", abençoado por Trump, advoga cortes na defesa.

Miller endossa um plano polêmico para reorganizar o Corpo de Fuzileiros Navais, fazendo-o voltar à condição de força mais leve e mais baseada na água, o que é contestado por Mattis e muitos outros generais de quatro estrelas reformados do Corpo de Fuzileiros Navais.[23] Miller tem pouco a dizer sobre a Marinha, que sofreu uma série de desastres nos últimos anos, incluindo colisões no mar, a perda catastrófica de um navio atracado em San Diego e o fiasco dos navios de combate litorâneo, uma nova e onerosa classe de navios de guerra considerada um fracasso. A Força Aérea, adverte ele, carece de uma estrutura de força com letalidade, capacidade de sobrevivência e capacidade de travar um grande conflito com uma grande potência como a China, deter ameaças nucleares e atender a seus outros requisitos operacionais nos termos da Estratégia de Defesa Nacional.

Miller é bem mais otimista quanto ao Comando de Operações Especiais dos Estados Unidos. Acha que, mesmo num mundo de competição entre grandes potências, os operadores especiais são "uma pedra angular da estratégia de segurança". (O fato de Miller ter sido um boina-verde, integrando uma dessas forças especiais não chega a surpreender.) Assim como Skinner e Carmack, Miller recomenda que os Estados Unidos se preparem para uma guerra cibernética mais extensa. Ele não acredita muito em acordos de controle de armas.

O confronto com a China

A preocupação central de quase todas essas ideias estruturais é o conflito, se não necessariamente uma guerra armada, com a China. A conclusão não chega a surpreender. Na verdade, esse entendimento já é um lugar-comum bipartidário. Barack Obama tentou um "redirecionamento para a Ásia" na política externa para enfrentar a China, Trump adotou um tom mais duro e Biden deu continuidade à abordagem mais hostil. Mas os autores temem que o público, e partes do governo, ao contrário deles mesmos, ainda não veja o confronto como a luta geracional abrangente que eles veem.

A abordagem do próprio Trump é um tanto confusa. Retoricamente, ele tem investido contra a China mais do que qualquer presidente nas últimas gerações, atacando o Partido Comunista e acusando Pequim de manipulação da moeda e de práticas comerciais desleais. Na prática, no entanto, ele tem sido bastante conciliador com o país e o presidente Xi Jinping. Uma guerra comercial com a China em seu primeiro mandato foi, na melhor das hipóteses, inconclusiva. Trump evitou atacar Xi por acabar com a democracia em Hong Kong, pôs em dúvida o valor da defesa americana de Taiwan contra a agressão chinesa[24] e (segundo o ex-conselheiro de Segurança Nacional John Bolton) aprovava, em caráter privado, os campos de concentração de Xi para as minorias uigures na China.[25]

O Projeto 2025 não tem nada dessa ambivalência. Skinner identifica a China como a mais alta prioridade diplomática do país. "Os Estados Unidos precisam ter uma resposta estratégica que imponha custos para tornar a agressão de Pequim insustentável, independentemente do crescimento da economia e do poderio dos Estados Unidos", escreve ela. "Essa atitude exigirá um crescimento americano real, sustentado, quase sem precedentes; parcerias mais fortes; políticas de economia e de segurança sincronizadas; e independência energética americana." Como parte desse esforço, Primorac afirma que a Usaid precisa assumir um papel direto no enfrentamento da Nova Rota da Seda, um programa gigantesco de gastos globais em infraestrutura em países em desenvolvimento. Carmack pede o recrutamento da ajuda da "América corporativa, de empresas de tecnologia, de instituições de pesquisa e do mundo acadêmico [...] nessa luta geracional para proteger nossos interesses de segurança nacional, nossos interesses econômicos, nossa soberania nacional e nossa propriedade intelectual", muito embora, fazendo eco ao velho debate sobre "Quem perdeu a China?", ele advirta sobre "ativistas e investidores de esquerda que ignoram a ameaça chinesa".

Se esses esforços diplomáticos e econômicos fracassarem, as Forças Armadas precisam estar prontas. "A estratégia de defesa dos Estados Unidos identifica a China inequivocamente como a prioridade número um do planejamento de defesa dos Estados Unidos", escreve Miller. Ele pede mais ajuda aliada para conter a China na Ásia. E, contrariando Trump, apresenta fortes argumentos no sentido de que defender Taiwan é essencial para o interesse dos Estados Unidos em conter a China.

O resto do mundo

Derrotar tanto a China como a burocracia "woke" deixa pouco tempo livre para qualquer outra coisa, mas o Projeto 2025 dá ideia de como os autores veem o resto do mundo — e o lugar dos Estados Unidos nele.

Skinner endossa uma atitude dura com adversários no mundo inteiro, mas apresenta poucos detalhes sobre o que isso quer dizer na prática. Por exemplo, ela escreve que "os Estados Unidos não podem permitir que [a Coreia do Norte] continue sendo uma potência nuclear de fato, com a capacidade de ameaçar os Estados Unidos ou seus aliados", mas não diz como dar um jeito nisso por meios diplomáticos. (Um muito propalado encontro de cúpula entre Trump e Kim Jong Un em 2018 não chegou a tanto.) Miller quer ajudar a Coreia do Sul a ser capaz de se defender convencionalmente da Coreia do Norte, com os Estados Unidos cuidando da dissuasão nuclear. Skinner vê a Índia como importante aliada e contrapeso à China na Ásia.

No Oriente Médio, ela também defende uma linha dura com o Irã, mas não oferece ideias concretas, além de sanções mais rigorosas. Ela tiraria os recursos dados à Autoridade Palestina e usaria os Acordos de Abraão, o arcabouço de paz do primeiro mandato de Trump, para diminuir ainda mais a distância de Israel e governos árabes. Skinner tem um interesse especial em aproximar-se da Arábia Saudita — objetivo que não combina bem com sua suposta "preocupação com direitos humanos e direitos das minorias". Se dependesse de Primorac, a Usaid deixaria de ajudar civis em lugares como Iêmen e Afeganistão, que sofrem grandes desastres humanitários, mas que têm governos hostis aos Estados Unidos.

Skinner sustenta que os Estados Unidos precisam estar mais presentes na África subsaariana, especialmente para conter a aproximação chinesa, porém se concentrando mais em desenvolver o crescimento de longo prazo do que em fornecer ajuda direta. Ela e Primorac pressionam por uma economia de livre mercado na América Latina, onde os esquerdistas continuam sendo muito populares. Skinner afirma que, com a expansão da China, os Estados Unidos precisam trabalhar para "transferir a manufatura e a indústria de pontos mais distantes do globo [...] para países da América Central e da América do Sul". Isso seria difícil de conseguir quando Trump ameaça esses países com novas tarifas.

Quase esquecida no meio disso está a Europa. Durante o primeiro mandato, Trump ameaçou deixar a Otan e fez forte pressão para que os membros da aliança aumentassem seus gastos com defesa, com êxito substancial. Miller quer permitir que os Estados Unidos reduzam ainda mais sua presença física na Europa, para que possa se concentrar na China, contando com os aliados da Otan para deter a Rússia. Apesar das críticas de Trump à organização, Skinner vê a aliança como crucial para impedir que a China e a Rússia dominem o Ártico, um emergente teatro de disputas por recursos naturais. Se a necessidade de cooperação ártica salvar a Otan, talvez os aliados europeus não se importem muito se forem excluídos de outras discussões ou decisões.

Posfácio do autor à edição brasileira

O Projeto 2025 é, em seu cerne, um plano para reformular a sociedade e a governança dos Estados Unidos, elaborado por pensadores profundamente envolvidos e concentrados na política interna do país. Mas é importante que suas ideias e implicações sejam compreendidas mundialmente, pois não ficarão confinadas às fronteiras norte-americanas.

Algumas ideias apresentadas no Projeto 2025 sem dúvida afetam diretamente outras partes do globo. Seus autores estão intimamente sintonizados com Donald Trump, mas alimentam ambições que vão além da sua presidência, visando alterar a política norte-americana pelas próximas décadas. Se conseguirem o que querem, o papel central dos Estados Unidos na segurança e na economia globais será drasticamente reduzido. Eles não chegam a ser tão isolacionistas quanto Trump, nem tão hostis aos aliados tradicionais do país, mas defendem a retirada das forças militares norte-americanas de algumas bases no exterior, a redução da ajuda humanitária e a severa diminuição da imigração legal para os Estados Unidos. Propõem também a saída do país de organizações internacionais, assim como a abolição do Federal Reserve, o que na prática acabaria com o status do dólar como moeda de reserva global.

Além disso, veem a próxima era da política global como um confronto — cultural, econômico e talvez até militar —

de grandes potências, entre os Estados Unidos e a China. E almejam redirecionar praticamente todos os aspectos da política externa para o enfrentamento com a China. Isso implica estreitar laços industriais com países das Américas, assim como reduzir os compromissos norte-americanos em outras regiões e aceitar a proliferação da energia nuclear. O sistema internacionalista pós-Guerra Fria já dá sinais de desgaste, e um novo mundo bipolar obrigaria outros países a tomar partido numa nova Guerra Fria, talvez até mesmo numa guerra aberta entre superpotências nucleares.

Mas o Projeto 2025 também é importante para leitores fora dos Estados Unidos porque vai servir de modelo para a extrema direita global. Há algo de irônico nesse movimento crescente: na Europa e nas Américas, líderes e partidos populistas de direita pregam que seus países devem se desconectar do resto do mundo e olhar para dentro, mas esses mesmos líderes se interconectam em redes formais e informais, e costumam adotar e copiar ideias uns dos outros.

O bem-sucedido referendo do Brexit em 2016 no Reino Unido, o avanço do partido de extrema direita Alternative fur Deutschland na Alemanha, a normalização do partido de extrema direita Rassemblement National na França e a ascensão de Viktor Orban na Hungria ajudaram a criar uma sensação de que movimentos populistas de direita são uma possibilidade, atraindo a atenção da mídia e engendrando imitadores.

Uma das ligações mais diretas entre esses movimentos nacionais é a que existe entre Donald Trump nos Estados Unidos e Jair Bolsonaro no Brasil. De certa forma, Bolsonaro foi precursor de Trump, participando ativamente da vida política bem antes que seu homólogo norte-americano se candidatasse à presidência. Mas Trump chegou lá primeiro, vencendo o pleito de 2016. Eleito presidente do Brasil dois anos depois, Bolsonaro foi aclamado como o "Trump dos Trópicos". Ambos aceitaram o apelido, e Trump deu as boas-vindas a Bolsonaro na Casa Branca. Derrotados na tentativa de reeleição, os dois incitaram revoltas populares, e Bolsonaro, quando se viu encurralado pela justiça brasileira, fugiu para a Flórida — o mesmo estado onde Trump se refugiou para articular sua volta ao poder.

Políticos de direita do mundo inteiro estão de olho em Donald Trump para ver o que ele consegue realizar no segundo mandato presidencial — e para descobrir o que podem aprender com isso e o que é possível fazer sem arcar com as consequências. Quem quiser barrar o avanço desses políticos também deve ficar atento e aprender com os Estados Unidos.

DAVID A. GRAHAM
Maio de 2025

Agradecimentos

Agradeço a Marie Pantojan, Azraf Khan e Hilary Redmon, da Random House, pela inspiração editorial, pelas sugestões sábias e pelos cortes criteriosos; a meu paciente agente Gary Morris, da David Black Agency; e às competentes checadoras de fatos Sofia Bliss-Carrascosa, Nicole Kagan e Nina Moske, que me ajudaram a evitar muitos erros. (Os erros que sobraram são exclusivamente meus.)

Agradeço também a Yoni Appelbaum, Rebecca Rosen, Adrienne LaFrance, Jeffrey Goldberg, Sarah Ball, Devin Gordon, Tom Watson, J. J. Gould, Bob Cohn, Adam B. Kushner, Susannah Meadows, David Giffels, Ben Terris, Molly Ball, Krishnadev Calamur, Kathy Gilsinan, Adam Serwer, Bill Adair, Bronwen Dickey, Sean Flynn, Louise Jarvis Flynn, Stephen Buckley e a meus muitos queridos colegas de *The Atlantic*, especialmente os membros de The Atlantic Union.

Finalmente, também sou grato a Michael Graham, Elizabeth Armstrong, Kate Graham e Sean Graham; a Alex e Isobel pela paciência e tolerância; e, mais importante, sempre, a Leslie.

Notas

A fonte primária deste livro, claro, é *Diretrizes para os líderes* [*Mandate for Leadership*], do Projeto 2025. Baseei-me também em meus anos de trabalho jornalístico cobrindo política e Donald Trump, mas, em alguns lugares, lancei mão de outras valiosas reportagens sobre o Projeto 2025 e seus principais envolvidos, entrevistas publicadas on-line e outros materiais. As referências em questão estão indicadas a seguir.

Prefácio [pp. 9-15]

1. Eric Martin, "Na Campanha, Trump rejeitou o Projeto 2025; agora, indica ao governo quem colaborou com o plano". *Folha de S.Paulo*, 25 nov. 2024.
2. Riley Griffin, "Zuckerberg diz que empresas precisam de 'mais energia masculina' e critica Biden". *Folha de S.Paulo*, 11 jan. 2025.
3. "Jeff Bezos determina que páginas de opinião do *Washington Post* defendam 'liberdades individuais e econômicas'". *O Globo*, 26 fev. 2025.

Introdução [pp. 17-26]

1. Scott Clement, Emily Guskin e Dan Balz, "Post-ABC Poll: Overwhelming Opposition to Capitol Attacks, Majority Support for Preventing Trump from Serving Again". *The Washington Post*, 15 jan. 2021. Disponível em: <https://www.washingtonpost.com/politics/trump-poll-post-abc/2021/01/14/aeac7b96-5690-11eb-a817-e5e7f8a406d6_story.html>. Acesso em: 27 abr. 2025.
2. Alexander Burns e Jonathan Martin, "'I've Had It with This Guy': G.O.P. Leaders Privately Blasted Trump After Jan. 6", *The New York Times*, 21 abr. 2022. Disponível em: <https://www.nytimes.com/2022/04/21/us/politics/trump-mitch-mcconnell-kevin-mccarthy.html>. Acesso em: 27 abr. 2025.

3. David A. Graham, "Trump's Dangerous Love of Improvisation", *The Atlantic*, 9 ago. 2017. Disponível em: <https://www.theatlantic.com/politics/archive/2017/08/get-on-board-the-trumptrane/536379/>. Acesso em: 27 abr. 2025.
4. Molly Redden, Andy Kroll e Nick Surgey. "'Put Them in Trauma': Inside a Key MAGA Leader's Plans for a New Trump Agenda". ProPublica, 28 out. 2024. Disponível em: <https://www.propublica.org/article/video-donald-trump-russ-vought-center-renewing-america-maga>. Acesso em: 27 abr. 2025
5. Mark Willacy e Amy Donaldson, "The Plan for Power", Australian Broadcasting Corporation, 15 jul. 2024. Disponível em: <https://www.abc.net.au/news/2024-07-16/trump-project-2025-plan-us-election-four-corners/104015688>. Acesso em: 27 abr. 2025.
6. Publius Decius Mus, "The Flight 93 Election", *Claremont Review of Books*, 5 set. 2016. Disponível em: <https://claremontreviewofbooks.com/digital/the-flight-93-election/>. Acesso em: 27 abr. 2025.
7. Derek Thompson, "The Americans Who Need Chaos", *The Atlantic*, 23 fev. 2024. Disponível em: <https://www.theatlantic.com/ideas/archive/2024/02/need-for-chaos-political-scienceconcept/677536/>. Acesso em: 27 abr. 2025.
8. "The Project 2025 'Battle Plan' to Give Trump Unprecedented Power | Four Corners", *ABC News In-Depth*, YouTube, 17 jul. 2024. Disponível em: <https://www.youtube.com/watch?v=S1Fy6Tu-w-M>. Acesso em: 27 abr. 2025.
9. M. Redden, A. Kroll e N. Surgey, "'Put Them in Trauma': Inside a Key MAGA Leader's Plans for a New Trump Agenda", op. cit.
10. Ali Swenson, "A Conservative Leading the Pro-Trump Project 2025 Suggests There Will Be a New American Revolution", Associated Press, 3 jul. 2024. Disponível em: <https://apnews.com/article/project-2025-trump-american-revolution6e02a297fb91b55de01ba-7e86615bb08>. Acesso em: 27 abr. 2025.
11. David A. Graham, "The Mistake That Could Cost Trump the Election", *The Atlantic*, 19 ago. 2024. Disponível em: <https://www.theatlantic.com/politics/archive/2024/08/project2025-backfired-trump/679509/>. Acesso em: 27 abr. 2025.
12. Riley Hoffman, "READ: Harris-Trump Presidential Debate Transcript", *ABC News*, 10 set. 2024. Disponível em: <https://abcnews.go.com/Politics/harris-trump-presidentialdebate-transcript/story?id=113560542>. Acesso em: 27 abr. 2025.

13. "RNC, Trump Campaign Announce Leadership for 2024 Republican National Convention's Platform Committee", GOP.com, 15 maio 2024. Acessado em: <https://gop.com/press-release/rnc-trump-campaign-announce-leadership-for-2024-republican-national-conventions-platform-committee/>.
14. Katherine Doyle. "Book with Ties to Project 2025 and JD Vance Delayed until After the Election", *NBC News*, 7 ago. 2024. Disponível em: <https://www.nbcnews.com/politics/2024-election/book-project-2025-jd-vance-delayed-heritagefoundation-rcna165632>. Acesso em: 27 abr. 2025.
15. Eric Hananoki, "Unearthed Video: Project 2025 Director Said Project Has 'Great' Relationship with Trump and He's 'Very Bought in with This'", Media Matters, 11 jul. 2024. Disponível em: <https://www.mediamatters.org/project-2025/unearthed-video-project-2025-director-said-project-has-great-relationship-trump-and>. Acesso em: 27 abr. 2025.
16. "The Project 2025 'Battle Plan' to Give Trump Unprecedented Power", op. cit.
17. M. Willacy e A. Donaldson, "The Plan for Power", op. cit.
18. Donald J. Trump, "Agenda 47". Disponível em: <https://www.donaldjtrump.com/platform>. Acesso em: 27 abr. 2025, op. cit.
19. Graham, "The Mistake That Could Cost Trump the Election", op. cit.
20. Andrew Restuccia e Vivian Salama, "Head of Project 2025 Steps Down Following Trump Criticism", *The Wall Street Journal*, 30 jul. 2024. Disponível em: <https://www.wsj.com/politics/elections/project-2025-head-steps-down-89cba52b>. Acesso em: 27 abr. 2025.
21. Jonathan Tamari e Brandon Lee, "Trump's Early Actions Mirror Project 2025 Plan He Once Dismissed", Bloomberg, 24 jan. 2025. Disponível em: <https://www.bloomberg.com/news/articles/2025-01-24/trump-s-early-actions-mirror-project-2025-plan-he-once-dismissed?embedded-checkout=true>. Acesso em: 27 abr. 2025.

SEÇÃO 1: **Os métodos e os meios** [pp. 27-56]

1. Kevin D. Roberts, "Tomorrow's Heritage", Heritage Foundation, 3 dez. 2021. Disponível em: <https://www.heritage.org/conservatism/commentary/tomorrows-heritage>. Acesso em: 27 abr. 2025.

2. Mark Dowie, "Learning from the Right Wing", *The New York Times*, 6 jul. 2002. Disponível em: <https://www.nytimes.com/2002/07/06/opinion/learning-from-the-right-wing.html>. Acesso em: 27 abr. 2025.
3. Project for a New American Century, *Rebuilding America's Defenses*, set. 2000. Disponível em: <https://archive.org/details/RebuildingAmericasDefenses/mode/2up>. Acesso em: 27 abr. 2025.
4. Jessica Taylor, "Jim DeMint Ousted from Heritage Foundation in Major Shake-Up", NPR, 2 maio 2017. Disponível em: <https://www.npr.org/2017/05/02/526617944/jimdemint-ousted-from-heritage-foundation-in-major-shake-up>. Acesso em: 27 abr. 2025.
5. Jeff Stein e Yeganeh Torbati, "Heritage Foundation, Former Powerhouse of GOP Policy, Adjusts in Face of New Competition from Trump Allies", *The Washington Post*, 7 fev. 2022. Disponível em: <https://www.washingtonpost.com/us-policy/2022/02/07/heritage-foundation-trump-republicans/>. Acesso em: 27 abr. 2025.
6. The Heritage Foundation, "The Heritage Foundation Names Dr. Kevin Roberts Next President", 14 out. 2021. Disponível em: <https://www.heritage.org/press/theheritage-foundation-names-drkevin-roberts-next-president>. Acesso em: 27 abr. 2025.
7. Andrew Restuccia, "Project 2025 Has a Radical Agenda for Trump. He Has Other Plans", *The Wall Street Journal*, 12 jul. 2024. Disponível em: <https://www.wsj.com/politics/elections/project-2025-donald-trump-election-2024-b89ed4dd>. Acesso em: 27 abr. 2025.
8. "How to Staff the Federal Government (ft. Paul Dans)", *American Moment*, YouTube, 6 mar. 2023. Disponível em: <https://www.youtube.com/watch?v=RsEPTggY70E>. Acesso em: 27 abr. 2025.
9. "Project 2025 Director Says That the Plan Is the 'Instruction Manual' for a Second Trump Administration", Media Matters, 20 jun. 2024. Disponível em: <https://www.mediamatters.org/project-2025/project-2025-director-says-plan-instruction-manual-secondtrump-administration>. Acesso em: 27 abr. 2025.
10. Molly Redden, Andy Kroll e Nick Surgey. "'Put Them in Trauma': Inside a Key MAGA Leader's Plans for a New Trump Agenda". ProPublica, 28 out. 2024. Disponível em: <https://www.propublica.org/article/video-donald-trump-russ-vought-center-renewing-america-maga>. Acesso em: 27 abr. 2025.
11. Matthew Yglesias, "The Price Progressives Paid for Getting Rid of Trump: A Moderate President", *The Washington Post*, 25 nov. 2020.

Disponível em: <https://www.washingtonpost.com/outlook/trump-obama-biden-clinton-progressive-moderate/2020/11/25/9bb8263c-2ea1-11eb-96c2-aac3f162215d_story.html>. Acesso em: 27 abr. 2025.

12. "How to Staff the Federal Government (ft. Paul Dans)", op. cit.
13. Alec MacGillis, "The Man Behind Project 2025's Most Radical Plans", ProPublica, 1 ago. 2024. Disponível em: <https://www.propublica.org/article/project-2025-trump-campaign-heritage-foundation-paul-dans>. Acesso em: 27 abr. 2025.
14. "How to Staff the Federal Government (ft. Paul Dans)", op. cit.
15. Jonathan D. Karl, "The Man Who Made January 6 Possible", *The Atlantic*, 9 nov. 2021. Disponível em: <https://www.theatlantic.com/ideas/archive/2021/11/trump-johnny-mcentee-january6-betrayal/620646/>. Acesso em: 27 abr. 2025.
16. Daniel Lippman, "OPM Chief Dale Cabaniss Abruptly Resigns", *Politico*, 17 mar. 2020. Disponível em: <https://www.politico.com/news/2020/03/17/opm-chief-resigns-134541>. Acesso em: 27 abr. 2025.
17. Richard Lardner, "Russell Vought, a Project 2025 Architect, Is Ready to Shock Washington if Trump Wins Second Term", Associated Press, 5 ago. 2024. Disponível em: <https://www.ap.org/news-highlights/spotlights/2024/russell-vought-a-project-2025-architect-is-ready-toshock-washington-if-trump-wins-second-term/>. Acesso em: 27 abr. 2025.
18. Garrett M. Graff, "The Insider: Russell Vought", *Washingtonian*, 13 ago. 2008. Disponível em: <https://www.washingtonian.com/2008/08/13/the-insider-russell-vought/>. Acesso em: 27 abr. 2025.
19. Emma Green, "Bernie Sanders's Religious Test for Christians in Public Office", *The Atlantic*, 8 jun. 2017. Disponível em: <https://www.theatlantic.com/politics/archive/2017/06/bernie-sanders-chris-van-hollen-russellvought/529614/>. Acesso em: 27 abr. 2025.
20. Russell Vought, "Wheaton College and the Preservation of Theological Clarity", *The Resurgent*, 17 jan. 2016. Disponível em: <https://web.archive.org/web/20171014053136/http://theresurgent.com/wheaton-college-and-the-preservation-of-theological-clarity/>. Acesso em: 27 abr. 2025.
21. Charlie Kirk, "Why 'Christian Nationalist' Should Be a Compliment", *The Charlie Kirk Show*, 22 fev. 2024. Disponível em: <ht-

tps://www.truthnetwork.com/show/thecharlie-kirk-show-charlie-kirk/78196/>. Acesso em: 27 abr. 2025.

22. "Theology of American Statecraft: The Christian Case for Immigration Restriction", *New Saint Andrews College*, YouTube, 20 set. 2023. Disponível em: <https://www.youtube.com/watch?v=lgmtsmhSIQw>. Acesso em: 27 abr. 2025.

23. Allan Sloan e Cezary Podkul, "Donald Trump Built a National Debt So Big (Even Before the Pandemic) That It'll Weigh Down the Economy for Years", ProPublica, 14 jan. 2021. Disponível em: <https://www.propublica.org/article/national-debt-trump>. Acesso em: 27 abr. 2025.

24. Comittee for a Responsible Federal Budget, "The Fiscal Impact of the Harris and Trump Campaign Plans", 28 out. 2024. Disponível em: <https://www.crfb.org/papers/fiscal-impact-harris-and-trump-campaign-plans>. Acesso em: 27 abr. 2025.

25. Beth Reinhard, "Trump Loyalist Pushes 'Post-Constitutional' Vision for Second Term", *The Washington Post*, 8 jun. 2024. Disponível em: <https://www.washingtonpost.com/politics/2024/06/08/russ-vought-trump-second-term-radical-constitutional/>. Acesso em: 27 abr. 2025.

26. *Diamond & Silk Chit Chat Live Joined by Russell Vought*, 21 jan. 2022. Disponível em: <https://www.diamondandsilkinc.com/chit-chat/chit-chat-live-diamondandsilk-joined-by-russell-vought-5492g>. Acesso em: 27 abr. 2025.

27. Jonathan Swan, Charlie Savage e Maggie Haberman, "If Trump Wins, His Allies Want Lawyers Who Will Bless a More Radical Agenda", *The New York Times*, 1 nov. 2023. Disponível em: <https://www.nytimes.com/2023/11/01/us/politics/trump-2025-lawyers.html>. Acesso em: 27 abr. 2025.

28. Russell Vought, "Renewing American Purpose", *The American Mind*, 29 set. 2022. Disponível em: <https://americanmind.org/salvo/renewing-american-purpose/>. Acesso em: 27 abr. 2025.

29. Russell Vought, X, 31 maio 2024. Disponível em: <https://x.com/russvought/status/1796491951476199754?lang=en>. Acesso em: 27 abr. 2025.

30. Jonathan Swan, Charlie Savage e Maggie Haberman, "Trump and Allies Forge Plans to Increase Presidential Power in 2025", *The New York Times*, 18 jul. 2023. Disponível em: <https://www.nytimes.

com/2023/07/17/us/politics/trump-plans-2025.html>. Acesso em: 27 abr. 2025.
31. Heather Horn, "What Makes Peter Orszag Hot?", *The Atlantic*, 2 fev. 2010. Disponível em: <https://www.theatlantic.com/culture/archive/2010/02/what-makes-peter-orszaghot/346782/>. Acesso em: 27 abr. 2025.
32. Paul M. Krawzak, "Trump Says He'll Restore Presidential Impoundment Authority", *Roll Call*, 20 jun. 2023. Disponível em: <https://rollcall.com/2023/06/20/trump-says-hell-restore-presidential-impoundment-authority/>. Acesso em: 27 abr. 2025.
33. Russell Vought, X, 25 jun 2024. Disponível em: <https://x.com/russvought/status/1805618023107064181>. Acesso em: 2 maio 2025.
34. Dylan Matthews, "This Obscure Budget Procedure Could Be Trump's Biggest Weapon", *Vox*, 2 dez. 2024. Disponível em: <https://www.vox.com/politics/388393/donald-trump-congress-impoundment-budget-supreme-court>. Acesso em: 2 maio 2025.
35. Paul M. Krawzak, "Trump Budget Office Slams 1974 'Impoundment' Law on Way Out", *Roll Call*, 19 jan. 2021. Disponível em: <https://rollcall.com/2021/01/19/trump-budget-office-slams-1974-impoundment-law-on-way-out/>. Acesso em: 2 maio 2025.
36. Mark Paoletta, Daniel Shapiro e Brandon Stras, "The History of Impoundments Before the Impoundment Control Act of 1974", Center for Renewing America, 24 jun. 2024. Disponível em: <https://americarenewing.com/the-history-of-impoundments-beforethe-impoundment-control-act-of-1974/>. Acesso em: 2 maio 2025.
37. Donald J. Trump, "Agenda47: Using Impoundment to Cut Waste, Stop Inflation, and Crush the Deep State", 20 jun. 2023. Disponível em: <https://www.donaldjtrump.com/agenda47/agenda47-using-impoundment-to-cut-waste-stop-inflation-and-crush-the-deep-state>. Acesso em: 2 maio 2025.
38. M. Redden, A. Kroll e N. Surgey, "'Put Them in Trauma': Inside a Key MAGA Leader's Plans for a New Trump Agenda", op. cit.
39. Chris Cillizza, "Let's Dispel the Biggest Myth of the 2016 Election", CNN, 15 jun. 2020. Disponível em: <https://www.cnn.com/2020/06/15/politics/trump-2016-election-not-expect-to-win-mary-jordan/index.html>. Acesso em: 2 maio 2025.
40. Mark Willacy e Amy Donaldson, "The Plan for Power", Australian Broadcasting Corporation, 15 jul. 2024. Disponível em: <https://

www.abc.net.au/news/2024-07-16/trump-project-2025-plan-us-election-four-corners/104015688>. Acesso em: 27 abr. 2025.

41. Jörg L. Spenkuch, Edoardo Teso e Guo Xu, "Ideology and Performance in Public Organizations", *Econometrica*, y. 91, n. 4, pp. 1171-203, 2023. Disponível em: <https://www.nber.org/papers/w28673>. Acesso em: 2 maio 2025.

42. A. MacGillis, "The Man Behind Project 2025's Most Radical Plans", op. cit.

43. M. Redden, A. Kroll e N. Surgey, "'Put Them in Trauma': Inside a Key MAGA Leader's Plans for a New Trump Agenda", op. cit.

44. Bob Bauer, "Trump Is Poised to Turn the DOJ into His Personal Law Firm", *The Atlantic*, 9 jan. 2025. Disponível em: <https://www.theatlantic.com/ideas/archive/2025/01/trump-doj-appointments-protection/681247/>. Acesso em: 2 maio 2025.

45. H. J. Mai e Steve Inskeep, "If Trump Is Reelected, the Independence of Federal Agencies Could Be at Risk", NPR, 16 ago. 2023. Disponível em: <https://www.npr.org/2023/08/07/1192432628/conservatives-mull-how-2nd-trump-presidency-could-reshape-the-federal-government>. Acesso em: 2 maio 2025.

46. "Excerpts from Trump's Interview with 'The Times'", *The New York Times*, 28 dez. 2017. Disponível em: <https://www.nytimes.com/2017/12/28/us/politics/trump-interview-excerpts.html>. Acesso em: 2 maio 2025.

47. Claire Hansen, "Trump Lashes Out at Appointment of DOJ Special Counsel, Says Move Is 'Unfair' and a 'Disgrace'", *U.S. News*, 18 nov. 2022. Disponível em: <https://www.usnews.com/news/articles/2022-11-18/trump-lashes-out-at-appointment-of-doj-special-counsel-says-move-is-unfair-and-a-disgrace>. Acesso em: 2 maio 2025.

48. Caitlin Dickerson, "The Secret History of the U.S. Government's Family-Separation Policy", *The Atlantic*, 7 ago. 2022. Disponível em: <https://www.theatlantic.com/magazine/archive/2022/09/trump-administration-family-separation-policy-immigration/670604/>. Acesso em: 2 maio 2025.

49. Tom Nichols, "The Kash Patel Principle", *The Atlantic*, 30 nov. 2024. Disponível em: <https://www.theatlantic.com/politics/archive/2024/11/kash-patel-principle/680838/>. Acesso em: 2 maio 2025.

Notas

50. Tim Reid, "Trump Tells Christians They Won't Have to Vote After This Election", Reuters, 28 jul. 2024. Disponível em: <https://www.reuters.com/world/us/trump-tells-christians-they-wont-have-vote-after-this-election-2024-07-27/>. Acesso em: 4 maio 2025.
51. Maggie Haberman e Jonathan Swan, "How Trump Picked Gaetz", *The New York Times*, 14 nov. 2024. Disponível em: <https://www.nytimes.com/2024/11/14/us/politics/trump-gaetz-decision-plane.html>. Acesso em: 2 maio 2025.

SEÇÃO II: **Os objetivos**

1. **Gênero, família e direitos** [pp. 59-82]

1. Ronald Reagan, discurso de posse, 5 jan. 1967. Disponível em: <https://www.reaganlibrary.gov/archives/speech/january-5-1967-inaugural-address-public-ceremony>. Acesso em: 2 maio 2025.
2. Emma Green, "The Man Behind Trump's Religious-Freedom Agenda for Health Care", *The Atlantic*, 7 jun. 2017. Disponível em: <https://www.theatlantic.com/politics/archive/2017/06/the-manbehind-trumps-religious-freedom-agenda-for-health-care/528912/>. Acesso em: 2 maio 2025.
3. "Vatican CDF Says Use of Anti-Covid Vaccines 'Morally Acceptable'", *Vatican News*, 21 dez. 2020. Disponível em: <https://www.vaticannews.va/en/vatican-city/news/2020-12/vatican-cdf-note-covid-vaccine-morality-abortion.html>. Acesso em: 2 maio 2025.
4. Rachel K. Jones e Amy Friedrich-Karnik, "Medication Abortion Accounted for 63% of All U.S. Abortions in 2023 — An Increase from 53% in 2020", Guttmacher Institute, mar. 2024. Disponível em: <https://www.guttmacher.org/2024/03/medication-abortion-accounted-63-all-us-abortions-2023-increase-53-2020>. Acesso em: 2 maio 2025.
5. Isaac Maddow-Zimet e Candace Gibson, "Despite Bans, Number of Abortions in the United States Increased in 2023", Guttmacher Institute, mar. 2024. Disponível em: <https://www.guttmacher.org/2024/03/despite-bans-number-abortions-united-states-increased-2023>. Acesso em: 2 maio 2025.
6. Food and Drug Administration et al. versus Alliance for Hippocratic Medicine et al. *602 U.S. 367*, 2024. Disponível em: <https://www.

supremecourt.gov/opinions/23pdf/23-235_n7ip.pdf>. Acesso em: 2 maio 2025.
7. *18 USC 1461: Mailing Obscene or Crime-Inciting Matter*. Disponível em: <https://uscode.house.gov/view.xhtml?req=18+USC+1461&f-treesort&fq=true&num=50&hl=true&edition=prelim&granuleId=USC-prelim-title18-section1461>. Acesso em: 2 maio 2025.
8. Anne Flaherty, "More Democratic Governors Stockpile Abortion Drugs as Legal Dispute Escalates", *ABC News*, 10 abr. 2023. Disponível em: <https://abcnews.go.com/Politics/massachusetts-stockpile-abortion-pill-legal-dispute-escalates/story?id=98472694>. Acesso em: 2 maio 2025.
9. Dobbs et al. versus Jackson Women's Health Organization et al., *597 U.S. 215*, 2022. Disponível em: <https://www.supremecourt.gov/opinions/21pdf/19-1392_6j37.pdf>. Acesso em: 2 maio 2025.
10. Amanda Seitz, "FDA Changes Plan B Label, Clarifies It Won't Cause Abortion", Associated Press, 23 dez. 2022. Disponível em: <https://apnews.com/article/healthdb2f43fdb72be1815e589584612235fc>. Acesso em: 2 maio 2025.
11. The Society for Adolescent Health and Medicine. "Abstinence-Only-Until-Marriage Policies and Programs: An Updated Position Paper of the Society for Adolescent Health and Medicine", *Journal of Adolescent Health*, v. 61, n. 3, pp. 400-3, set. 2017. Disponível em: <https://www.jahonline.org/article/S1054-139X(17)30297-5/fulltext>. Acesso em: 2 maio 2025.
12. Title VII of the Civil Rights Act of 1964, *42 USC 2000*. Disponível em: <https://www.eeoc.gov/statutes/title-vii-civil-rights-act-1964>. Acesso em: 2 maio 2025.
13. Matt Lavietes, "Trump Repeats False Claims That Children Are Undergoing Transgender Surgery During the School Day", *NBC News*, 9 set. 2024. Disponível em: <https://www.nbcnews.com/nbc-out/out-politics-and-policy/trump-false-claims-schools-transgender-surgeries-rcna170217>. Acesso em: 2 maio 2025.
14. Katie J. M. Baker, "When Students Change Gender Identity, and Parents Don't Know", *The New York Times*, 22 jan. 2023. Disponível em: <https://www.nytimes.com/2023/01/22/us/gender-identity-students-parents.html>. Acesso em: 2 maio 2025.
15. "Scores Decline Again for 13-Year-Old Sutdents in Reading and Mathematics", *The Nation's Report Card*. Disponível em: <https://

www.nationsreportcard.gov/highlights/ltt/2023/>. Acesso em: 4 maio 2025.
16. Peter G. Peterson Foundation, "Why Did the Federal Government Get Involved in Student Loans?", 1 jun. 2022. Disponível em: <https://www.pgpf.org/article/why-did-the-federal-government-get-involved-in-student-loans/>. Acesso em: 2 maio 2025.
17. Zach Montague, "Biden's Push to Cancel Student Debt Surpasses 5 Million Borrowers", *The New York Times*, 13 jan. 2025. Disponível em: <https://www.nytimes.com/2025/01/13/us/politics/biden-student-loan-forgiveness.html>. Acesso em: 2 maio 2025.
18. Medicare Payment Advisory Commission, *March 2023 Report to the Congress: Medicare Payment Policy*, 15 mar. 2023. Disponível em: <https://www.medpac.gov/document/march-2023-report-to-the-congress-medicare-payment-policy/>. Acesso em: 2 maio 2025.
19. Linda F. Hersey, "Influx of Bills to Increase Community Care for Veterans Prompts Warning of Pushing VA to 'Breaking Point'", *Stars and Stripes*, 17 dez. 2024. Disponível em: <https://www.stripes.com/veterans/2024-12-17/veterans-health-care-legislation-private-sector-16199249.html>. Acesso em: 2 maio 2025.
20. Allan Smith, "Progressive DAS Are Shaking Up the Criminal Justice System. Pro-Police Groups Aren't Happy", *NBC News*, 19 ago. 2019. Disponível em: <https://www.nbcnews.com/politics/justice-department/these-reform-prosecutors-are-shaking-system-propolice-groups-aren-n1033286>. Acesso em: 2 maio 2025.

2. Imigração e segurança nas fronteiras [pp. 83-95]

1. Amanda Terkel e Megan Lebowitz, "From 'Rapists' to 'Eating the Pets': Trump Has Long Used Degrading Language Toward Immigrants", *NBC News*, 19 set. 2024. Disponível em: <https://www.nbcnews.com/politics/donald-trump/trump-degrading-languageimmigrants-rcna171120>. Acesso em: 2 maio 2025.
2. Caitlin Dickerson, "The Secret History of the U.S. Government's Family-Separation Policy", *The Atlantic*, 7 ago. 2022. Disponível em: <https://www.theatlantic.com/magazine/archive/2022/09/trump-administration-family-separation-policy-immigration/670604/>. Acesso em: 2 maio 2025.

3. Andy Rose e Paul LeBlanc, "Portion of U.S. Border Wall in California Falls Over in High Winds and Lands on Mexican Side", CNN, 29 jan. 2020. Disponível em: <https://edition.cnn.com/2020/01/29/politics/us-border-wall-falls-over-high-winds/index.html>. Acesso em: 4 maio 2025.
4. Nick Miroff, "Biden Says the Border Wall Is Ineffective. Here Are Key Things to Know", *The Washington Post*, 12 out. 2023. Disponível em: <https://www.washingtonpost.com/immigration/2023/10/12/border-wall-biden-trump-policies/>. Acesso em: 2 maio 2025.
5. Maria Ramirez Uribe, "Ron DeSantis Is Right, Barack Obama Deported More People Than Donald Trump Did", PolitiFact, 4 jan. 2024. Disponível em: <https://www.politifact.com/factchecks/2024/jan/04/ron-desantis/ron-desantis-is-right-barack-obama-deported-more-p/>. Acesso em: 2 maio 2025.
6. Colleen Long, "Title 42 Has Ended. Here's What It Did, and How U.S. Immigration Policy Is Changing", Associated Press, 12 maio 2023. Disponível em: <https://apnews.com/article/immigration-biden-border-title-42-mexico-asylumbe4e0b15b27adb9bede87b9b-befb798d>. Acesso em: 2 maio 2025.
7. Jeffrey M. Jones, "Sharply More Americans Want to Curb Immigration to U.S.", Gallup, 12 jul. 2024. Disponível em: <https://news.gallup.com/poll/647123/sharply-americanscurb-immigration.aspx>. Acesso em: 2 maio 2025.
8. James Doubek, "Judge Says Ken Cuccinelli Was Appointed Unlawfully to Top Immigration Post", NPR, 1 mar. 2020. Disponível em: <https://www.npr.org/2020/03/01/811023475/judge-says-ken-cuccinelli-was-appointed-unlawfully-to-top-immigration-post>. Acesso em: 2 maio 2025.
9. Matt Ford, "Dismantle the Department of Homeland Security", *The New Republic*, 21 fev. 2018. Disponível em: <https://newrepublic.com/article/147099/dismantle-department-homeland-security>. Acesso em: 2 maio 2025.
10. David A. Graham, "The Shame of the Secret Service", *The Atlantic*, 15 jul. 2022. Disponível em: <https://www.theatlantic.com/newsletters/archive/2022/07/the-shame-of-the-secret-service/670550/>. Acesso em: 2 maio 2025.
11. David A. Graham, "Trump's Border Obsession Is Courting Disaster", *The Atlantic*, 10 abr. 2019. Disponível em: <https://www.

theatlantic.com/ideas/archive/2019/04/danger-dhs-myopically-focused-border/586804/>. Acesso em: 2 maio 2025.
12. Joseph Nunn, "The Posse Comitatus Law Explained", Brennan Center for Justice at NYU, 14 out. 2021. Disponível em: <https://www.brennancenter.org/our-work/research-reports/posse-comitatus-act-explained>. Acesso em: 2 maio 2025.
13. Russell Vought, "Renewing American Purpose", op. cit.
14. U.S. Department of Justice, "U.S. Government Reaches Settlement in Class Action Family Separation Case Seeking Injunctive Relief", 16 out. 2023. Disponível em: <https://www.justice.gov/opa/pr/us-government-reaches-settlement-class-action-family-separation-case-seeking-injunctive>. Acesso em: 2 maio 2025.
15. Alan Berube, "Which Places Would Be Most Affected by the Trump Administration's Immigrant Deportation Proposals?", Brookings Institution, 18 dez. 2024. Disponível em: <https://www.brookings.edu/articles/which-places-would-be-most-affected-by-the-trump-administrations-immigrant-deportation-proposals/>. Acesso em: 2 maio 2025.
16. Jeffrey S. Passel e Jens Manuel Krogstad, "What We Know About Unauthorized Immigrants Living in the U.S.", Pew Research Center, 22 jul. 2024. Disponível em: <https://www.pewresearch.org/short-reads/2024/07/22/what-we-know-about-unauthorized-immigrants-living-in-the-us/>. Acesso em: 2 maio 2025.
17. Adam Serwer, "The Cruelty Is the Point", *The Atlantic*, 3 out. 2018. Disponível em: <https://www.theatlantic.com/ideas/archive/2018/10/the-cruelty-is-the-point/572104/>. Acesso em: 2 maio 2025.
18. Oren Cass, "Worker Power, Loose Borders: Pick One", American Compass, 16 dez. 2020. Disponível em: <https://americancompass.org/worker-power-loose-borders-pick-one/>. Acesso em: 2 maio 2025.
19. Howard Schneider, "How Haitian Immigrants Fueled Springfield's Growth", Reuters, 11 set. 2024. Disponível em: <https://www.reuters.com/world/us/haitian-immigrants-fueled-springfields-growth-now-us-presidential-debate-2024-09-11/>. Acesso em: 2 maio 2025.
20. Mae Ngai, "A New Bracero Program Is Not the Solution", *The Atlantic*, 9 dez. 2024. Disponível em: <https://www.theatlantic.com/politics/archive/2024/12/disturbing-history-bracero-program/680926/>. Acesso em: 2 maio 2025.

3. Economia e comércio [pp. 96-118]

1. Bobby Allyn, "Tech Executives Are Courting Trump", NPR, 16 dez. 2024. Disponível em: <https://www.npr.org/2024/12/16/nx-s1-5227120/tech-executives-are-courting-trump>. Acesso em: 2 maio 2025.
2. Katie Lobosco, "Fact Check: Trump and Vance Keep Falsely Describing How Tariffs Work", CNN, 9 set. 2024. Disponível em: <https://www.cnn.com/2024/09/09/politics/fact-check-trump-vance-tariffs/index.html>. Acesso em: 4 maio 2025.
3. David Autor et al., "Help for the Heartland? The Employment and Electoral Effects of the Trump Tariffs in the United States", 14 jan. 2024. Disponível em: <https://economics.mit.edu/sites/default/files/2024-01/Help%20for%20the%20Heartland%20-%20The%20Employment%20and%20Electoral%20Effects%20of%20the%20Trump%20Tariffs%20in%20the%20United%20States.pdf>. Acesso em: 4 maio 2025.
4. Kristen Holmes, Arman Azad e Nick Valencia, "White House Trade Adviser Argues That CDC 'Let the Country Down' on Testing", CNN, 17 maio 2020. Disponível em: <https://www.cnn.com/2020/05/17/politics/peter-navarro-cdc-testing/index.html>. Acesso em: 4 maio 2025.
5. Adriana Gomez Licon e Alanna Durkin Richer, "Peter Navarro Is 1st Trump White House Official to Serve Prison Time Related to Jan. 6 Attack", Associated Press, 19 mar. 2024. Disponível em: <https://apnews.com/article/peter-navarro-jan-6-prison-congress-contempt-ea6f0e60dda1a7bcaef31012cd2c7678>. Acesso em: 4 maio 2025.
6. Ryan Hass e Abraham Denmark, "More Pain Than Gain: How the U.S.-China Trade War Hurt America", Brookings Institution, 7 ago. 2020. Disponível em: <https://www.brookings.edu/articles/more-pain-than-gain-how-the-us-china-trade-war-hurt-america/>. Acesso em: 4 maio 2025.
7. Soo Rin Kim e Lalee Ibssa, "Trump's TikTok Ban Reversal Comes After Meeting Megadonor Who Has Stake in TikTok", *ABC News*, 11 mar. 2024. Disponível em: <https://abcnews.go.com/Politics/trumps-tiktok-ban-reversal-after-meeting-megadonor-stake/story?id=108013785>. Acesso em: 4 maio 2025.
8. Robert Stevens, "Securities vs. Commodities: Why It Matters for Crypto," CoinDesk, 9 mar. 2024. Disponível em: <https://www.

coindesk.com/learn/securities-vs-commodities-why-it-matters-for-crypto>. Acesso em: 4 maio 2025.
9. Eric Lipton e Stephen Labaton, "Deregulator Looks Back, Unswayed", *The New York Times*, 16 nov. 2008. Disponível em: <https://www.nytimes.com/2008/11/17/business/economy/17gramm.html>. Acesso em: 4 maio 2025.
10. Michel Martin, "Why Working-Class Voters Have Been Shifting Toward the Republican Party", NPR, 14 nov. 2024. Disponível em: <https://www.npr.org/2024/11/14/nx-s1-5183060/why-working-class-voters-have-been-shifting-toward-the-republican-party>. Acesso em: 4 maio 2025.

4. Meio ambiente e energia [pp. 119-133]

1. "Legislative Analysis for Counties: The Bipartisan Infrastructure Law", National Association of Counties, 4 mar. 2022. Disponível em: <https://www.naco.org/resources/legislative-analysis-counties-bipartisan-infrastructure-law>. Acesso em: 4 maio 2025.
2. "The Inflation Reduction Act: Here's What's in It", McKinsey and Company, 24 out. 2022. Disponível em: <https://www.mckinsey.com/industries/public-sector/our-insights/the-inflation-reduction-act-heres-whats-in-it>. Acesso em: 4 maio 2025.
3. John Schwartz, "Two of America's Largest Reservoirs Reach Record Lows amid Lasting Drought", *The New York Times*, 27 jul. 2021. Disponível em: <https://www.nytimes.com/2021/07/27/us/lake-powell-water-level.html>. Acesso em: 4 maio 2025.
4. Miranda Green, "Trump's Pick to Lead NOAA Pushed for Privatizing Weather Data", CNN, 14 out. 2017. Disponível em: <https://www.cnn.com/2017/10/14/politics/noaa-nominee-accuweather/index.html>. Acesso em: 4 maio 2025.
5. Lisa Friedman, "Trump Wants Oil Drilling in Alaska. A Lease Sale There Just Flopped", *The New York Times*, 8 jan. 2025. Disponível em: <https://www.nytimes.com/2025/01/08/climate/arctic-wildlife-refuge-drilling-leases.html>. Acesso em: 4 maio 2025.
6. "Texas Grid Over Relies on Natural Gas to Restore Power After Blackouts — Study", Reuters, 19 dez. 2023. Disponível em: <https://www.reuters.com/business/energy/texas-grid-over-relies-natural-

gas-restore-power-after-blackouts-study-2023-12-19/>. Acesso em: 4 maio 2025.
7. Universidade do Texas. *The Timeline and Events of the February 2021 Texas Electric Grid Blackouts*. Austin: Energy Institute – Universidade do Texas, jul. 2021. Disponível em: <https://energy.utexas.edu/sites/default/files/UTAustin%20%282021%29%20EventsFebruary 2021TexasB lackout%2020210714.pdf>. Acesso em: 4 maio 2025.

5. Política externa e defesa [pp. 134-152]

1. Redação da CNN, "READ: Biden-Trump debate transcript", CNN, 28 jun. 2024. Disponível em: <https://www.cnn.com/2024/06/27/politics/read-biden-trump-debate-rush-transcript/index.html>. Acesso em: 4 maio 2025.
2. Peter Baker e Choe Sang-Hun, "Trump Threatens 'Fire and Fury' Against North Korea if It Endangers U.S.", *The New York Times*, 8 ago. 2017. Disponível em: <https://www.nytimes.com/2017/08/08/world/asia/north-korea-un-sanctions-nuclear-missile-united-nations.html>. Acesso em: 4 maio 2025.
3. Sarah Westwood e Devan Cole, "Trump Says Use of Military Force in Venezuela Is Still on the Table", CNN, 3 fev. 2019. Disponível em: <https://edition.cnn.com/2019/02/03/politics/trump-nicolas-maduro-military-force/index.html>. Acesso em: 4 maio 2025.
4. Aaron Blake, "Trump Confirms He Wanted to Assassinate Assad. In 2018, He Denied It Was Even Considered", *The Washington Post*, 15 set. 2020. Disponível em: <https://www.washingtonpost.com/politics/2020/09/15/trump-confirms-he-wanted-assassinate-assad-2018-he-denied-it-was-even-considered/>. Acesso em: 4 maio 2025.
5. "President Trump Suggested Missile Strikes in Mexico Against Drug Cartels, Former Defense Secretary Says", *CBS News*, 6 maio 2022. Disponível em: <https://www.cbsnews.com/news/donald-trump-mexico-missile-strikes-drug-cartels-mark-esper-60-minutes-2022-05-06/>. Acesso em: 4 maio 2025.
6. Moraa Ogendi e David Wessel, "What Is Discretionary Spending in the Federal Budget?", Brookings Institution, 11 jul. 2023. Disponível

em: <https://www.brookings.edu/articles/what-is-discretionary-spending-in-the-federal-budget/>. Acesso em: 4 maio 2025.
7. "The Chinese Revolution of 1949", State Department Office of the Historian. Disponível em: <https://history.state.gov/milestones/1945-1952/chinese-rev>. Acesso em: 4 maio 2025.
8. Byron C. Tau, "How a China Hand Lost to McCarthyism", *Roll Call*, 28 set. 2009. Disponível em: <https://rollcall.com/2009/09/28/how-a-china-hand-lost-to-mccarthyism/>. Acesso em: 4 maio 2025.
9. Carol E. Lee et al., "Tillerson's Fury at Trump Required an Intervention from Pence", *NBC News*, 4 out. 2017. Disponível em: <https://www.nbcnews.com/politics/white-house/tillerson-s-fury-trump-required-intervention-pence-n806451>. Acesso em: 4 maio 2025.
10. Kelly Bjorklund, "'We're in a Worse Place Today Than We Were Before He Came In'", *Foreign Policy*, 11 jan. 2021. Disponível em: <https://foreignpolicy.com/2021/01/11/rex-tillerson-interview-trump/>. Acesso em: 4 maio 2025.
11. Dexter Filkins, "John Bolton on the Warpath", *The New Yorker*, 29 abr. 2019. Disponível em: <https://www.newyorker.com/magazine/2019/05/06/john-bolton-on-the-warpath>. Acesso em: 4 maio 2025.
12. Jeffrey Goldberg, "James Mattis Denounces President Trump, Describes Him as a Threat to the Constitution", *The Atlantic*, 3 jun. 2020. Disponível em: <https://www.theatlantic.com/politics/archive/2020/06/james-mattis-denounces-trump-protests-militarization/612640/>. Acesso em: 4 maio 2025.
13. Brian Klaas, "Trump Floats the Idea of Executing Joint Chiefs Chairman Milley", *The Atlantic*, 25 set. 2023. Disponível em: <https://www.theatlantic.com/ideas/archive/2023/09/trump-milley-execution-incitement-violence/675435/>. Acesso em: 4 maio 2025.
14. "Trump Impeachment: Officer Alexander Vindman Raised Alarm over Ukraine Call", *BBC News*, 29 out. 2019. Disponível em: <https://www.bbc.com/news/world-us-canada-50223635>. Acesso em: 4 maio 2025.
15. Lolita C. Baldor, "Military Recruiting Rebounds After Several Tough Years, but Challenges Remain", Associated Press, 26 set. 2024. Disponível em: <https://apnews.com/article/military-recruiting-army-shortfalls-enlist-1611ea378b32826cc4615dc3731f3f70>. Acesso em: 4 maio 2025.

16. Robert Draper, "Unwanted Truths: Inside Trump's Battles with U.S. Intelligence Agencies", *The New York Times Magazine*, 8 ago. 2020. Disponível em: <https://www.nytimes.com/2020/08/08/magazine/us-russia-intelligence.html>. Acesso em: 4 maio 2025.
17. "Transcript: Trump and Putin's Joint Press Conference", NPR, 16 jul. 2018. Disponível em: <https://www.npr.org/2018/07/16/629462401/transcript-president-trump-and-russian-president-putins-joint-press-conference>. Acesso em: 4 maio 2025.
18. Maggie Haberman, Julian E. Barnes e Peter Baker, "Dan Coats to Step Down as Intelligence Chief; Trump Picks Loyalist for Job", *The New York Times*, 28 jul. 2019. Disponível em: <https://www.nytimes.com/2019/07/28/us/politics/dan-coats-intelligence-chief-out.html>. Acesso em: 4 maio 2025.
19. Shane Harris, "The Rise of John Ratcliffe", *The Atlantic*, 3 jan. 2025. Disponível em: <https://www.theatlantic.com/international/archive/2025/01/ratcliffe-dni-cia-trump/681197/>. Acesso em: 4 maio 2025.
20. "Policy Basics: Where Do Our Federal Tax Dollars Go?", Center on Budget and Policy Priorities, 18 jul. 2024. Disponível em: <https://www.cbpp.org/research/federal-budget/where-do-our-federal-taxdollars-go>. Acesso em: 4 maio 2025.
21. Greg Hadley, "DOD, Lockheed Agree on Price for Next 145 F-35s", *Air and Space Forces Magazine*, 23 dez. 2024. Disponível em: <https://www.airandspaceforces.com/f-35-program-office-lockheed-lot-18/>. Acesso em: 4 maio 2025.
22. Stephen Losey, "U.S. Air Force Budget Request Leans Toward R&D, Trims Fighter Purchases", *Defense News*, 11 mar. 2024. Disponível em: <https://www.defensenews.com/air/2024/03/11/us-air-force-budget-request-leans-toward-rd-trims-fighter-purchases/>. Acesso em: 4 maio 2025.
23. Paul McLeary e Lee Hudson, "How Two Dozen Retired Generals Are Trying to Stop an Overhaul of the Marines", *Politico*, 1 abr. 2022. Disponível em: <https://www.politico.com/news/2022/04/01/corps-detat-how-two-dozen-retired-generals-are-trying-to-stop-an-overhaul-of-the-marines-00022446>. Acesso em: 4 maio 2025.
24. Didi Tang, "Trump Says Taiwan Should Pay More for Defense and Dodges Questions if He Would Defend the Island", Associated Press, 17 jul. 2024. Disponível em: <https://apnews.com/article/

trump-taiwan-chips-invasion-china-910e7a94b19248fc75e5d1ab6b0a34d8>. Acesso em: 4 maio 2025.
25. Ben Fox e Deb Riechmann, "Bolton: Trump said Xi Was Right to Detain Ethnic Minorities", Associated Press, 17 jun. 2020. Disponível em: <https://apnews.com/article/63f156933a5520d157dea25ab764af09>. Acesso em: 4 maio 2025.

1ª EDIÇÃO [2025] 1 reimpressão

ESTA OBRA FOI COMPOSTA POR MARI TABOADA EM DANTE PRO E IMPRESSA EM OFSETE PELA GRÁFICA SANTA MARTA SOBRE PAPEL PÓLEN BOLD DA SUZANO S.A. PARA A EDITORA SCHWARCZ EM SETEMBRO DE 2025

A marca FSC® é a garantia de que a madeira utilizada na fabricação do papel deste livro provém de florestas que foram gerenciadas de maneira ambientalmente correta, socialmente justa e economicamente viável, além de outras fontes de origem controlada.